Prof. Dr. Bahri Beci - Mer

Aprende albanés

Metodo de albanés para extranjeros

Të mësojmë shpejt gjuhën shqipe

Metodë për mësimin e gjuhës shqipe nga të huajt

EDFA

Tirana, 2011

© Autorët Prof. Dr. Bahri Beci - Merita Bruci

Të drejtat e riprodhimit grafik të këtij botimi
u përkasin Botimeve EDFA

Punuan për botimin (editorial staff)
Dr. Fatmir Z. Xhaferi
Infobotues
Redaktimi: Pranvera Xhelo / (Sase) Leal Valladares
Daktilografimi dhe korrektura përfundimtare: Autorët
Korrektura: Diana Estrefi
Kopertina: Elvira Çiraku

Botimi i parë - First edition

CIP Katalogimi në botim BK Tiranë
Beci Bahri, Bruci Merita
Të mësojmë shpejt gjuhën shqipe: Metodë për mësimin e gjuhës shqipe nga studentët e huaj /hartoi e red.
Bahri Beci, Merita Bruci - Tiranë: EDFA, 2007
140 f.: 24 cm

ISBN 978-99943-643-7-3

All rights reserved. No part of this book covered by the copyrights
hereon may be reproduced or copied in any form or by any means - *graphic,
electronic, or mechanical, including photocopying, recording, taping, or information
storage and retrieval systems* - without prior written permission of the Author or
the Publisher according to the copyrights.
If you purchase this book without a cover, you should be aware that this book
is stolen property.

Nëse blini këtë libër pa kopertinën e tij origjinale,
ju paralajmërojmë se është pasuri e vjedhur.

Printed in the Republic of Albania
Botime **EDFA**
Po.Box. 1417
Tirana
ALBANIA (Europe)
Tel & Fax: +355 4 257589
E-mail: edfa@albnet.net

Prólogo

Este curso está dirigido a aquellos que quieren dar sus primeros pasos en albanés en un corto período de tiempo y sin dificultad. El libro comienza con una introducción de las peculiaridades de la lengua albanesa, incluyendo la fonética, la morfología y la sintaxis, e invita al estudiante a profundizar en dichas materias.

Hemos optado por estructurar el curso en 15 lecciones prácticas, escogiendo situaciones y temas de la vida diaria que facilitarán la comunicación del estudiante en Albania. Cada lección comprende cuatro partes. La primera parte- "Conversaciones"- tiene como objetivo el desarrollo de la expresión oral. El léxico, introducido a través de estos diálogos, se trabaja de manera más elaborada en la segunda parte - "Para construir frases"-, en la que el conocimiento y uso de estructuras contribuye a que el estudiante adquiera automatismos lingüísticos. La morfología y la sintaxis, como piezas importantes de la competencia lingüística, se abordan en el apartado "Gramática" que aparece en cada lección. Los elementos gramaticales escogidos introducen el conocimiento de nociones básicas que puede ser enriquecido y aumentado de acuerdo con las necesidades específicas del estudiante. Una serie de ejercicios orales y escritos, en la cuarta parte- "Ejercicios"-, permiten comprobar en la práctica el conocimiento adquirido en cada lección.

El vocabulario adicional incorporado al libro, en el "Glosario"- proporciona una lista de términos y expresiones propias de los temas tratados. Finalmente, las tablas de declinaciones y conjugaciones proporcionan una visión más detallada y precisa de los elementos gramaticales ya abordados.

Este curso permite al lector manejarse con eficacia en situaciones corrientes de la vida diaria, recogidas tanto en los diálogos, como en los ejercicios, lo que prepara para una comunicación auténtica en albanés.

Los autores

Índice

El alfabeto albanés

Índice

Prólogo.
Introducción a la lengua albanesa

Lección 1..22

1. Conversaciones: Presentaciones.
2. Gramática: el verbo jam (ser/estar). Los pronombres personales en función de sujeto. Interrogativos. Determinantes. Número del 1 al 10.
3. Ejercicios.

Lección 2..27

1. Conversaciones: En el hotel.
2. Gramática: el verbo kam (tener/haber). Frases negativas y frases interrogativas. Los números del 11 al 20.
3. Ejercicios.

Lección 3..32

1. Conversaciones: La casa
2. Gramática: El verbo en presente de indicativo. Primera conjugación, verbo banoj (vivir). El nombre, la formación del plural. Los números del 21 al 30.
3. Ejercicios.

Lección 4..37

1. Conversaciones: la hora.
2. Gramática: El género del nombre. Los números del 31 al 50.
3. Ejercicios.

Lección 5..42

1. Conversaciones: en el bar, en el restaurante.
2. Gramática: El verbo en presente de indicativo. Segunda conjugación, verbo hap (abrir); tercera conjugación, verbo ha (comer); verbos irregulares, verbo dua (querer). Los números del 51 al 100.
3. Ejercicios.

Lección 6 47

1. Conversaciones: en la calle. Direcciones.
2. Gramática: La declinación del nombre: primera, segunda y tercera declinación I. El futuro del indicativo. Los números del 200 al 1000.
3. Ejercicios.

Lección 7 52

1. Conversaciones: De viaje.
2. Gramática: La declinación del nombre: primera, segunda y tercera declinación II. Formas articuladas y no articuladas del nombre. El futuro de indicativo de los verbos jam (ser/estar) y kam (tener/haber).
3. Ejercicios.

Lección 8 57

1. Conversaciones: En la estación. Los transportes.
2. Gramática: El adjetivo, formación de femenino y masculino.
3. Ejercicios.

Lección 9 62

1. Conversaciones: en la oficina de correos.
2. Gramática: Los grados del adjetivo. El pasado simple de los verbos jam (ser/estar) y kam (tener/haber).
3. Ejercicios.

Lección 10 67

1. Conversaciones: hablando por teléfono.
2. Gramática: El pretérito indefinido de indicativo. Adverbios.
3. Ejercicios.

Lección 11 72

1. Conversaciones: de compras.

2. Gramática: los posesivos.
3. Ejercicios.

Lección 12......77

1. Conversaciones: en el mercado.
2. Gramática: Los pronombres de complemento directo.
3. Ejercicios.

Lección 13......82

1. Conversaciones: en el médico.
2. Gramática: El pretérito perfecto de indicativo. Forma afirmativa, negativa e interrogativa. El participio.
3. Ejercicios.

Lección 14......87

1. Conversaciones: El tiempo libre I.
2. Gramática: Las preposiciones. El pretérito imperfecto de indefinido de los verbos jam (ser/estar) y kam (tener/haber).
3. Ejercicios.

Lección 15......92

1. Conversaciones: El tiempo libre II.
2. Gramática: Las conjunciones de coordinación y subordinación.
3. Ejercicios.

Glosario

Tablas de declinaciones y conjugaciones......97

Introducción a la lengua albanesa

El albanés, llamado **gjuha shqipe** o **shqipja**, pertenece al grupo de lenguas indoeuropeas. Se trata de una lengua indoeuropea a parte que, como el griego y el armenio, no tiene "familiares" cercanos, es decir, no tiene relación con las otras lenguas del grupo.

Los albaneses son descendientes de los ilirios, quienes habitaron un vasto territorio de los Balcanes occidentales al comienzo de la Edad de Bronce. La lengua albanesa tendría pues como sustrato la lengua iliria, de la que procederían un puñado de palabras presentes en el albanés actual: algunos topónimos y sustantivos: **sika** en albanés **thika** (cuchillo), **peli** en albanés **pleq** (anciano), **aspetos** en albanés **i shpejtë** (veloz), **Dardani** en albanés **dardhë** (pera), **Dalmati** en albanés **delma, dele** (oveja), **Ulkin** en albanés **ulk, ujk** (lobo), **Dimallum** en albanés **dy male** (dos montañas), **Bardhul** en albanés **i bardhë** (blanco) y **daz** en albanés **dash** (carnero).

La lengua albanesa se habla en la República de Albania (llamada Shqipëria) y, más allá de sus fronteras, en diversas regiones de la península de los Balcanes: en Kosova y en zonas de Macedonia, Montenegro, Serbia y el noroeste de Grecia. También se ha conservado en antiguos asentamientos albaneses de Grecia, Italia, Ucrania y Bulgaria.

El albanés se divide en dos grandes dialectos: el Gheg, que se habla en el norte, y el Tosk, que se habla en el sur.

El albanés comienza a usarse por escrito a comienzos del siglo XIV, pero los textos más antiguos que se conservan datan de la segunda mitad del siglo XV. El libro impreso en albanés más antiguo que se conoce, **Meshari**, fue escrito por Gjon Buzuku en 1554-1555. Es un misal redactado en el dialecto del norte (Gheg). **E mbsuame e chræsteræ** (Doctrina Cristiana) es el primer libro escrito en el dialecto del sur y fue impreso en Roma en 1592.

El albanés continuó escribiéndose en los dos dialectos hasta 1972, cuando la versión escrita del dialecto Tosk fue declarada lengua literaria nacional o lengua unifica, es decir, lengua estándar.

Fonética

El albanés tiene 36 sonidos principales o fonemas, que se corresponden, con 36 grafías: 7 vocales: a (a), e (e), ë (ə), i (i), o (o), u (u), y (y) y; 29 consonantes: b (b), c (ts), ç (tʃ), d (d), dh (ð), f (f), g (g), gj (ɟ), h (h), j (j), k (k), l (l), ll (³), m (m), n (n), nj (ɲ), p (p), q (c), r (r), rr (r), s (s), sh (ʃ), t (t), th (θ), v (v), x (dz), xh (dʒ), z (z), zh (ʒ).

El acento

En albanés la acentuación es libre, es decir, el acento puede caer en cualquier sílaba de la palabra. Sin embargo se puede apreciar que la mayoría de las palabras son llanas, es decir, se acentúan en la penúltima sílaba, como en español.
La sílaba tónica de una palabra no cambia cuando ésta se declina. El acento cae siempre sobre la misma sílaba cuando se declinan los nombres, los adjetivos o los pronombres y cuando se conjugan los verbos. No existe acento gráfico o tilde, excepto en los diccionarios para facilitar la pronunciación.

Existen algunas palabras homónimas que se diferencia en función de la sílaba donde recae el acento: ***drejtór-drejtóri*** (el director), ***drejtorí-drejtoría*** (la dirección); ***puntór-puntóri*** (el trabajador), ***puntorí-puntoría*** (la clase trabajadora), ***bar-bári*** (la hierba), ***barí-baríu*** (el pastor).

La morfología

En albanés encontramos las mismas categorías gramaticales que en otras lenguas indoeuropeas: el sustantivo, el adjetivo, el número, el pronombre, el verbo, el adverbio, la preposición, la conjunción, la partícula (que no existe en español como parte de la oración) y la interjección.

El sustantivo, el adjetivo, los numerales, el pronombre y el verbo son elementos variables. Cuando se utilizan pueden aparecer, cada uno, en diversas formas (afectados por el género, el número, el caso, la persona y/o el modo).
El adverbio, la preposición, la conjunción, la partícula y la interjección son elementos invariables. No cambian de forma.

El sustantivo

Los sustantivos o nombres se emplean:

a) En la forma no articulada:

    (një) ***djalë*** (chico) - (ca) ***djem*** (chicos)
    (një) ***zog*** (pájaro) - (ca) ***zogj*** (pájaros)
    (një) ***vajzë*** (chica) - (ca) ***vajza*** (chicas)

b) En la forma articulada:

djal*i* (el chico) - djem*të* (los chicos)
zog*u* (el pájaro) - zogj*të* (los pájaros)
vajz*a* (la chica) - vajza*t* (las chicas)

Esto es, en contraste con otras lenguas indoeuropeas en las que el artículo va separado del nombre y precediéndolo, en albanés la información morfológica del artículo determinado (en español el/la-los/las) está en las terminaciones de los nombres (en los sufijos *-i, -u, a, -të*).

En albanés, los sustantivos se declinan tanto en singular como en plural, de acuerdo a su función en la frase. Existen tres declinaciones: a la primera declinación corresponden los sustantivos masculinos acabados en *-i* en su forma articulada: **lis-lisi** (el roble), **djalë-djali** (el chico), **ftua-ftoi** (el membrillo), **vëlla-vëllai** (el hermano), **zë-zëri** (la voz), **libër-libri** (el libro), **i vogël-i vogli** (el chiquillo); a la segunda corresponden los sustantivos del género masculino acabados en *-u* en su forma articulada: **mik-miku** (el amigo), **zog-zogu** (el pájaro), **dhe-dheu** (la tierra, el suelo); la tercera declinación corresponde a los sustantivos del género femenino acabados en *-a* o *-ja* en su forma articulada: **vajzë-vajza** (la chica), **rrufe-rrufeja** (el rayo), **e drejtë-e drejta** (el derecho).

Existen cinco casos: nominativo, genitivo, dativo, acusativo y ablativo.
El nominativo es el caso del sustantivo cuando actúa como sujeto del verbo o como atributo del sujeto:

Djali është në shtëpi.
El niño está en la casa.

El genitivo es el caso del complemento que acompaña al sustantivo, introducido en español por la preposición "de" (de quién, de qué); es el caso que indica fuente, origen, posesión y/o relación:

Libri *i djalit* është në shtëpi.
El libro **del niño** está en la casa

El dativo es el caso del complemento indirecto (a quién, a qué):

Mësuesi i foli **djalit**.
El profesor habló *al niño*.

El acusativo es el caso del complemento directo (qué, a quién -como CD-):

Mësuesi organizoi një **mbledhje**.
El profesor organizó *una reunión*.

El ablativo es el caso del complemento introducido en español por preposiciones como por, de, expresando procedencia o autoría, y otras.

>Kam prerë një degë *arre*.
>He cortado una rama *de un nogal*.

En albanés distinguimos tres géneros gramaticales: el masculino, el femenino y el neutro.

Los sustantivos que en nominativo singular (en su forma articulada) terminan en *-i* o *-u* son masculinos: *gur-guri* (piedra), *breg-bregu* (orilla).

Los sustantivos que en nominativo singular (en su forma articulada) terminan en *-a* o *-ja* son femeninos: *rërë-rëra* (arena), *rrufe-rrufeja* (rayo).

Los sustantivos que en nominativo singular (forma articulada) terminan en *-t* (*-të*, *-it*) son neutros: *të ftohtët* (frío), *të nxehtët* (calor), *të ecurit* (marcha), *të verdhtë* (yema).

El adjetivo

Generalmente, el adjetivo se coloca detrás del sustantivo al que acompaña y concuerda con él en género, número y caso. Los adjetivos se dividen en dos tipos, los que necesitan una partícula antepuesta, que, además, marca el género: *i bardhë* (blanco), *e bardhë* (blanca); *i mirë* (bueno), *e mirë* (blanca); y los que no la llevan: *kombëtar* (nacional), *heroik* (heroico) o *shqiptar* (albanés).

Los adjetivos varían en géneros, masculino y femenino, y en número:

>*djalë i dashur* (chico cariñoso)
>*vajzë e dashur* (chica cariñosa)
>*djem të dashur* (chicos cariñosos)
>*vajza të dashura* (chicas cariñosas)

El femenino se suele formar a partir del masculino:

>*i dashur* (querido, cariñoso), *e dashur* (querida, cariñosa)
>*fisnik* (noble), *fisnike* (noble, *fem*)

Los adjetivos se declinan concordando con los sustantivos a los que califican:

>Nominativo – një vëlla *i mirë* (un buen hermano)
>Genitivo – një vëllai *të mirë*
>Dativo – një vëllai *të mirë*
>Acusativo – një vëlla *i mirë*
>Ablativo – një vëllai *të mirë*

El adjetivo puede presentarse en tres grados:

Grado positivo: *i zgjuar* (listo, despierto)

Grado comparativo:
- de superioridad: *më* i zgjuar (más listo)
- de igualdad: *po aq* i zgjuar (tan listo como)
- de inferioridad: *më pak* i zgjuar (menos listo)

Grado superlativo:
- relativo: *më* i zgjuari (el más listo), *më pak* i zgjuari (el menos listo)
- absoluto: *shumë* i zgjuar (listísimo, lit: muy listo)

El albanés tiene además otra forma de superlativo absoluto: **shumë pak** i zgjuar (*muy poco listo)

Los pronombres

Los pronombres pueden ser personales, reflexivos, demostrativos, posesivos, relativos, interrogativos e indefinidos. Los pronombres personales correspondientes a la primera persona, en caso nominativo, son: *unë, ne* (yo, nosotros); los de la segunda persona, en nominativo, son: *ti, ju* (tú, vosotros); y los de la tercera persona en nominativo son: *ai/ajo, ata/ato* (él/ella, ellos/ellas).

La forma de cortesía usted/ustedes se hace con el plural de la segunda persona (*ju*). La presencia del pronombre personal en el caso nominativo no es obligatoria y su uso es, en general, de carácter enfático, como sucede en español.

Los pronombres personales en dativo y en acusativo[1] tienen dos formas: una forma tónica o forma plena y una átona o forma reducida. La forma átona o reducida va sola o acompañando a la forma tónica o plena, de manera enfática. Así, en dativo, el pronombre personal tendría estas formas:

Më tha	*Mua më tha*	*Më tha mua*
Me dijo	A mí me dijo	Me dijo a mí
Të tha	*Ty të tha*	*Të tha ty*
Te dijo	A ti te dijo	Te dijo a ti
I tha	*Atij i tha*	*I tha atij*
Le dijo	A él le dijo	Le dijo a él

A menudo cuando se combinan los pronombres se usa simultáneamente la forma reducida primero en dativo y luego en acusativo:

[1] También en español tenemos reduplicación del pronombre en función del complemento indirecto: A mí me.

Na e dha librin
Nos dio el libro

Y con frecuencia esta combinación se da en una forma contraída: ma (më + e), ta (të + e), etc.

Ma dha librin
Me dio el libro

Ta dha librin
Te dio el libro

Los verbos

En albanés, los verbos se pueden usar en voz activa: *laj* (lavar) o en voz pasiva: *lahem* (lavarse o ser lavado). Los verbos en voz pasiva indican que el sujeto recibe la acción: *lahem* (soy lavado) o que el sujeto actúa y la acción es reflexiva (me lavo).

A diferencia del español, que tiene sólo cuatro, existen en albanés seis modos verbales: indicativo, subjuntivo, condicional, admirativo, optativo e imperativo.

El admirativo y el optativo son modos característicos del sistema verbal del albanés. El modo admirativo se usa para expresar sorpresa o para referirse a un hecho o circunstancia que ha ocurrido de manera inesperada.

Sa qenka rritur! ¡Cuánto ha crecido!

El modo optativo expresa un deseo o maldición:

Shkofsh e ardhsh shëndoshë! ¡Que vuelvas sano (y salvo)!

La terminación de la primera persona singular en presente de indicativo sirve para reconocer a qué conjugación pertenece el verbo. Hay tres modelos de conjugación:

Los verbos cuya primera persona del singular en presente de indicativo terminan en *-j* precedida de una vocal corresponden a la primera conjugación: ***punoj*** (yo trabajo).

Los verbos cuya primera persona del singular en presente de indicativo terminan en consonante corresponden a la segunda conjugación: ***lidh*** (yo ato).

Los verbos cuya primera persona del singular en presente de indicativo terminan en vocal corresponden a la tercera conjugación: ***vë*** (yo pongo, yo coloco).
El modo indicativo, como en español, tiene ocho tiempos verbales:

- presente, pretérito imperfecto, pretérito indefinido, que son tiempos simple y se forman variando las terminaciones: *punoj* (yo trabajo), *punoja* (yo trabajaba), *punova* (yo trabajé).
- pretérito perfecto, pretérito pluscuamperfecto, pretérito anterior, futuro simple y futuro perfecto, que son tiempos compuestos y se construyen a partir del verbo *kam* (tener) seguido por el participio simple del verbo que se conjuga: *kam + punuar* (yo he trabajado), *kisha + punuar* (yo había trabajado), *pata + punuar* (yo hube trabajado) y *do të kem + punuar* (yo habré trabajado).
- El futuro es una forma perifrástica formada por la partícula verbal do seguida del presente del subjuntivo del verbo que se conjuga: *do + të punoj* (yo trabajaré).

El modo subjuntivo tiene cuatro tiempos verbales: presente, pretérito indefinido, pretérito perfecto y pretérito pluscuamperfecto. Como regla general, el modo subjuntivo lleva la partícula *të* antepuesta al verbo: *të punoj* (que yo trabaje*), të punoja* (que yo trabajara).

El modo condicional tiene dos tiempos: un tiempo simple, presente, y un tiempo compuesto, pasado.

El admirativo tiene cuatro tiempos: presente, pretérito imperfecto, el pretérito perfecto y el pretérito pluscuamperfecto.

El *modo optativo* tiene dos tiempos: el presente y el pretérito perfecto.

El *modo imperativo* solo se conjuga en una persona: la segunda, en singular y en plural.

Los adverbios

De acuerdo con su significado, los adverbios pueden corresponder a seis categorías diferentes: adverbios de modo, de lugar, de tiempo, de causa, de finalidad y de cantidad.

Algunos adverbios, y en particular los adverbios de modo, lugar y tiempo, son susceptibles de gradación, como el adjetivo, en tres grados:. El positivo, el comparativo y el superlativo. Los grados comparativo y superlativo se forman usando las mismas palabras que en el caso de los adjetivos:
- el grado positivo: *mirë* (bien)
- el grado comparativo:

    o de superioridad: *më mirë* (mejor)
    o de igualdad: *(po) aq mirë* (tan bien como)
    o de inferioridad: *më pak mirë* (peor)

- el grado superlativo: *shumë mirë* (muy bien)

La sintaxis

Oraciones simples

Los principales elementos que componen una oración en albanés son el sintagma nominal y el sintagma verbal y, eventualmente, uno o más sintagmas preposicionales.

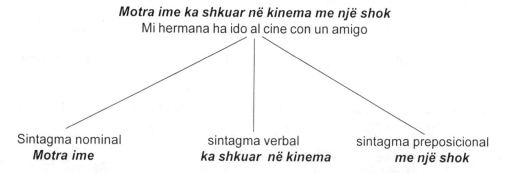

Motra ime ka shkuar në kinema me një shok
Mi hermana ha ido al cine con un amigo

Sintagma nominal — sintagma verbal — sintagma preposicional
Motra ime — *ka shkuar në kinema* — *me një shok*

En albanés, como en español, el orden normal en la oración es Sujeto-Verbo-Objeto (S-V-O):

Beni (S)   **po lexon** (V)   **librin** (O)
Beni   lee (está leyendo) el libro

Aunque, como también sucede en español, el orden de las palabras no es muy estricto: **Beni po lexon librin**, donde **Beni** es el sujeto, es el orden más normal. Sin embargo, también se podrían encontrar las siguientes variantes:

Librin lexon Beni / Un libro lee Beni
Librin Beni lexon / Un libro Beni lee

Independientemente de la diferente posición de las palabras, todos los enunciados son correctos y tienen el mismo significado. La modificación del orden revela generalmente la intención de enfatizar una parte del discurso frente a otra. La función de los sustantivos se reconoce por su desinencia, no por la posición que tiene en la oración.

A continuación se citan los principales tipos de oraciones simples.

Oraciones enunciativas

Una oración enunciativa expresa una afirmación, una aserción, y está compuesta por el sujeto- un sintagma nominal compuesto por un nombre, un pronombre o un grupo de nombres acompañado de modificadores y el predicado- un sintagma verbal compuesto por un verbo y sus complementos acompañados de algún sintagma preposicional.

En la oración enunciativa el sintagma nominal sujeto del nombre generalmente precede al sintagma verbal:

Fëmijët lozin në kopsht / Los niños juegan en el jardín.
Vajzat shqiptare janë të bukura / Las chicas albanesas son guapas.

Pero, como en español, el sujeto puede aparecer detrás del verbo cuando se quiere le dar énfasis:

Janë të bukura vajzat shqiptare /Son guapas las chicas albanesas.

Lo mismo sucede con el Complemento Directo, el atributo u otros complementos circunstanciales de modo o cantidad.

El sujeto, como en español, puede no aparecer explícito pues está implícito e la forma del verbo conjugada.

Lexo një libër
(Yo) leo un libro

Oraciones enunciativas negativas

La negación se expresa mediante las partículas nuk, s' situadas delante del verbo.

Beni flet frëngjisht.   *Beni nuk (s') flet frëngjisht.*
Beni habla francés. Beni no habla francés.

Cuando la negación afecta al sujeto o al complemento directo, se expresa mediante la partícula *nuk* o *s'* delante del determinante negativo *asnjë* (ningún) o a los pronombre indefinidos *asnjeri* (ninguno, nadie), *asgjë* (nada):

Ai ka bërë një përpjekje.   *Ai nuk ka bërë asnjë përpjekje.*
El ha hecho un esfuerzo.   El no ha hecho ningún esfuerzo.

Pres dikë.   *Nuk pres asnjeri.*
Espero a alguien.   No espero a nadie.

También como en los siguientes ejemplos:

Beni është gjithmonë në shtëpi të dielën.
Beni está siempre en casa los domingos.
Beni nuk është kurrë në shtëpi të dielën.
Beni no está nunca en casa los domingos.

Oraciones imperativas

a) Oraciones imperativas en afirmativo

Fol (imperativo) *frëngjisht!*
Habla en francés.

b) Oraciones imperativas en negativo, que se forman anteponiendo al verbo la partícula **mos**

Mos fol frëngjisht!
No hables en francés.

Oraciones interrogativas

En albanés, como en español, la interrogación se marca especialmente con una entonación ascendente

Do të shkosh?
¿Irás?

La pregunta también puede ir introducida con las partículas **a** (sin traducción al español pero equivalente al "est-ce-que" francés), *vallë* (que expresa duda y podría traducirse en español, en algunos casos por "acaso") y *mos* (siempre con valor negativo) al principio de la oración:

A vjen me ne?	¿Vendrás con nosotros?
Po.	Sí.
Vallë kush do të këtë ardhur?	¿Quién habrá venido?
Mos ishte shoku yt ai?	¿No era tu amigo ese?
Jo.	No.

También puede ser introducida por pronombres o adverbios interrogativos normalmente situados igualmente al principio de la oración:

Kush më kërkoi?	¿Quién preguntó por mí?
Unë.	Yo.
Kur erdhët?	¿Cuándo vinisteis?
Sot.	Hoy.
Ku është vëllai yt?	¿Dónde está tu hermano?
Në Francë.	En Francia.

Oraciones compuestas

Las oraciones compuestas, en albanés y en español, están formadas por varias oraciones. En función de la relación que haya entre ellas, hablamos de oraciones yuxtapuestas, coordinadas o subordinadas.

Las oraciones coordinadas tienen, como mínimo, dos proposiciones unidas por una conjunción copulativa.

Kohët kalojnë dhe njerëzit ndryshojnë   El tiempo pasa y la gente cambia.

Estas proposiciones se pueden unir también por yuxtaposición:

Kohët kalojnë, njerëzit ndryshojnë.   El tiempo pasa, la gente cambia.

Las oraciones subordinadas tienen como mínimo dos proposiciones, de las que una funciona como oración principal y la otra como oración subordinada.

Las oraciones subordinadas adjetivas o de relativo cumplen la misma función que un adjetivo, modificando a la oración principal o al sintagma nominal, y se introducen mediante un pronombre: ***që, i cili*** (que, el cual):

Libri "Lahuta e Malësisë", që lexuam sot, është shkruar nga Gjergj Fishta.
El libro "Lahuta e Malësisë", que hemos leído hoy, ha sido escrito por Gjerg Fishta.

Tirana është qyteti që më pëlqen më shumë në Shqipëri.
Tirana es la ciudad que más me gusta de Albania.

Las oraciones subordinadas sustantivas pueden cumplir cualquier función que desempeñe un sustantivo o pronombre personal (sujeto, complemento directo o indirecto).

Sujeto:
   Ndodh shpesh që fëmijët të luajnë në kopsht.
   Ocurre a menudo que los niños juegan en el jardín.

C.D:
   Mendoj se ke të drejtë.
   Pienso que tienes razón.

   Them se do ta fitojmë ndeshjen.
   Creo que ganaremos el partido.

Las oraciones subordinadas adverbiales acompañan o modifican al verbo de la oración principal. Se conectan con la oración principal mediante preposiciones. Existen diversos tipos, entre las principales: finales, causales, temporales, comparativas, concesivas, condicionales…

Finales:
    E hapa dritaren *që (me qëllim)* të hyjë dielli.
    Abrí la ventana (con la intención de) para que entrara el sol.

Causal:
    Dridhesha *sepse* kisha ftohtë.
    Temblaba porque tenía frío.

Temporal:
    Pasi i mbaroi vizitat, mjeku shkoi të pushojë.
    Después de acabar las visitas, el médico se fue a descansar.

Concesiva:
    Megjithëse të prita, ti nuk erdhe.
    Aunque te esperé, no viniste.

Condicional:
    Në qoftë se mëson shumë, do ta marrësh provimin.
    Si estudias mucho aprobarás.

El Alfabeto

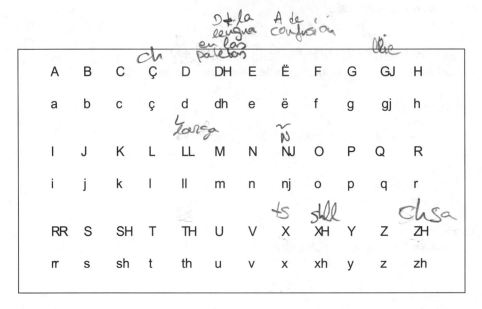

El albanés tiene 9 dígrafos o caracteres dobles: dh, gj, ll, nj, sh, th, xh. zh. En albanés siempre hay correspondencia entre sonido y grafía, es decir, no hay sonidos que se representen con diferentes letras o letras diferentes que pronuncien de la misma manera:

a [a] se pronuncia como a en español abuelo: **abetare** (abecedario)
b [b], se pronuncia como b en español bonito o vaca: **(i) bukur** (bonito)
c [ts] se pronuncia como la zz italiana en pizza: **copë** (trozo)
ç [tʃ] se pronuncia como ch en español chocolate: **çai** (té)
d [d] se pronuncia como d en español dedo: **ditë** (día)
dh [ð] se pronuncia como la th inglesa: **dhe** (y)
e [e] se pronuncia como e en español elefante: **emër** (nombre)
ë [ə] se pronuncia como la e neutra catalana o como la e francesa en *je*, en posición final casi no se escucha: **ëmbëlsirë** (dulce, pastel)
f [f] se pronuncia como f en español fácil: **fytyrë** (cara)
g [g] se pronuncia como g en español gato: **gojë** (boca)
gj [ɟ] se pronuncia similar a la y en español yo: **gjalpë** (mantequilla)

20

h [h] se pronuncia como la h inglesa: **hënë** (luna)
i [i] se pronuncia como i en español indio: **ikonë** (icono)
j [j] se pronuncia como en español cielo, donde la i es semivocal y siempre aparece en diptongo: **jam** (soy) **muaj** (mes)
k [k] se pronuncia como k en español kilo: **kos** (yogur)
l [l] se pronuncia como l en español leche: **lopë** (vaca)
ll [³] se pronuncia similar a la l catalana o como en inglés call: **llampë** (bombilla)
m [m] se pronuncia como m en español mamá: **mollë** (manzana)
n [n] se pronuncia como n en español nada: **nënë** (madre)
nj [K] se pronuncia como ñ en español ñoño: **një** (uno)
o [o] se pronuncia como o en español oso: **objekt** (objeto)
p [p] se pronuncia como p en español padre: **po** (sí)
q [c] se pronuncia parecido a ch pero más oclusivo: **qen** (perro)
r [r] se pronuncia como la r inglesa en road: **re** (nube)
rr [r] se pronuncia como r inicial en español o rr en interior de palabra, radio, perro: **rruga** (calle)
s [s] se pronuncia como s en español sol: **supë** (sopa)
sh [ʃ] se pronuncia como sh en inglés: **shtëpi** (casa)
t [t] se pronuncia como t en español tomate: **tokë** (tierra)
th [è] se pronuncia similar a z en español zapato o luz: **thikë** (cuchillo)
u [u] se pronuncia como u en español urano: **ujë** (agua)
v [v] se pronuncia como v en francés vin: **vërë** (vino)
x [dz] no existe en español, se pronuncia como en italiano mezzo: **xixëllonjë** (luciérnaga)
xh [dʒ] no existe en español, se pronuncia como dj en francés "djinn": **xhep** (bolsilo)
y [y] no existe en español, se pronuncia como la u francesa: **yll** (estrella)
z [z] no existe en español, se pronuncia como z en francés zero: **zë** (voz)
zh [ʒ] no existe en español, se pronuncia como j en francés "je": **zhurmë** (ruido)

Signos de puntuación

[.] **pikë** (punto, punto y seguido, punto final)
[,] **presje** (coma)
[;] **pikëpresje** (punto y coma)
[:] **dy pika** (dos puntos)
[...] **tri pika** (puntos suspensivos)
[?] **pikëpyetje** (signo de interrogación)
[!] **pikëçuditje** (signo de admiración)
[«»] **thonjëza** (comillas)
[()] **kllapa** (paréntesis)
[] **kllapa katrone** (paréntesis rectos)
[-] **vizë lidhëse** (guión)
['] **apostrof** (apóstrofe)

Lección I

 I. Conversaciones: Presentaciones

Diálogos

Ela: **Unë jam Ela. Po ti, kush je?**
Yo soy Ela. ¿Y tú?
Adi: **Unë jam Adi**
Adi
Ela: **Mirëdita, Adi. Si je?**
Hola, Adi, ¿qué tal estás?
Adi: **Mirë, faleminderit. Po ti?**
Bien, gracias. ¿Y tú?

Ela: **Mirëmbrëma Eva. Ky është Adi. Adi, kjo është Eva.**
Buenas tardes, Eva. Este es Adi. Adi esta es Eva.
Adi: **Gëzohem. Si je?**
Encantado, ¿qué tal estás?
Eva: **Mirë, po ti?**
Bien, ¿y tú

Ela: **Kush është ai? Berti?**
¿Quién es ese? ¿Berti?
Adi: **Jo, është Edi.**
No, es Edi.
Ela: **Çfare është ai?**
¿A qué se dedica? (lit: ¿Qué es?)
Adi: **Ai është gazetar**
Es periodista.
Ela: **Nga është ai?**
¿De dónde es?
Adi: **Ai është nga Italia**
Es italiano (de Italia).

Para formar frases

I. 1. Unë   jam   Adi
       Ti   je   Ela
                                   mirë
                                   shumë mirë
                                   keq
                                   shumë keq

I. 2. Mirëdita   jam   Ela
       Mirëmbrëma ky është   Beni
       Mirëmëngjes kjo është   Eva

I. 3. Unë   jam   gjuhëtar, e
                                   student, e
       Ai   gazetar, e
                      është   historian, e
       Ajo   arkeolog, e

I. 4. Unë   jam   nga   Amerika
                                   Shqipëria
                                   Bullgaria
       Ai   Rumania
       Ajo   është   Greqia
                                   Franca

II. Gramática:

II. 1. El Verbo **jam** (ser) en Presente de Indicativo:

    Unë   jam   gazetar
    Ti   je   gazetar
    Ai   është   gazetar
    Ajo   është   gazetare
    Ne   jemi   gazetarë
    Ju   jeni   gazetarë
    Ata   janë   gazetarë
    Ato   janë   gazetare

II. 2. Pronombres personales en función de sujeto:

	njëjës (singular)	shumës (plural)
1.	unë (yo)	ne (nosotros)
2.	ti (tú)	ju (vosotros)
3.	ai, ajo (él/ella)	ata, ato (usted/ustedes)

II. 3. Pronombres interrogativos: **kush? (quién), çfarë? (qué)**

Kush es invariable en género y número y sólo se usa para personas.
    Kush është ai ? – Ai është Berti.
    ¿Quién es ese? Es Berti

Çfarë es invariable y puede utilizarse para personas y cosas.
    Çfarë është ai ? – Ai është gazetar.
    Çfarë është ky ? – Ky është libër.

II. 4. Pronombres demostrativos:

Mientras que en español hay tres, en albanés los demostrativos tienen sólo dos formas:

ky, kjo (este, esta) y
ai, ajo (ese, esa y aquel, aquella).

II. 5. Números del **1** al **10**

1 - një; **2** - dy; **3** - tre (tri); **4** - katër; **5** - pesë;
6 - gjashtë; **7** - shtatë; **8** - tetë; **9** - nëntë; **10** - dhjetë.

III. Ejercicios

III. 1. Completa las frases siguientes con la forma del verbo *jam* que corresponda:

    Unë   .... nga Tirana.
    Ti   .... nga Tirana.
    Ai   .... nga Tirana.
    Ne   .... nga Tirana.
    Ju   .... nga Tirana.
    Ata   .... nga Tirana.

III. 2. Completa las frases siguientes según el modelo:

ej: Unë   jam   nga   Shqipëria
    Ti   ..... nga   ....
    Ai   ..... nga   ....
    Ne   ..... nga   ....
    Ju   ..... nga   ....
    Ata   ..... nga   ....

III. 3. Completa las frases siguientes según el modelo:

ej: Unë   jam   gazetar   nga Italia.
    Ti   ....
    Ai   ....
    Ne   ....
    Ju   ....
    Ata   ....

III. 4. Completa las frases siguientes con la forma del pronombre personal que corresponda:

.... jam mirë.   .... jemi shumë mirë. Ti .... shumë keq.
.... janë gazetarë.   .... është historian. .... jemi studentë.

III. 5. Completa el siguiente diálogo:

Ela: Unë .... Ela. Po ...?
Adi: .... Adi.
Ela: .... Adi. Si ....?
Adi: ...., falominderit. ...... ti?

III. 6. Completa el siguiente diálogo:

Ela: Kush .... ai? Berti?
Adi: .... është   Edi.
Ela: .... është ai?
Adi: Ai .... gazetar.
Ela: ...... është ....?
Adi: Ai është ...... Italia.

Vocabulario – Lección 1

Amerikë, ~a	América
arkeolog, ~ u	arqueólogo
Bullgari, ~ a	Bulgaria
çfarë	qué
faleminderit	gracias
Francë~ a	Francia
gazetar, ~i	periodista
gëzohem	encantado (de conocerte)
Greqi, ~ a	Grecia
historian, ~ i	historiador
gjuhëtar, ~ i	linguista
jam	ser /estar (v)
jo	no
keq	mal
kjo	ésta
kush	quién
ky	éste
mësim, ~ i	lección
mirë	bien
mirëdita	buenos días (general, de 9.00 h – 16.00 h)
mirëmbrëma	buenas tarde
mirëmëngjes	buenos días (por la mañana, de 6.00 h – 9.00 h)
nga	de (procedencia: Nga jeni? de dónde es usted?)
po	sí
si	cómo
student, ~ i	estudiante
shumë	muy, mucho
Shqipëri, ~ a	Albania

Lección II

I. Conversación:

En el Hotel

Diálogos

T: **Mirëdita zotëri. A keni një dhomë?**
   Buenos días, señor. ¿Tienen una habitación?
R: **Po, kemi.**
   Sí, tenemos.
T: **Sa kushton një natë?**
   ¿Cuánto cuesta una noche?
R: **20 euro, pa mëngjes.**
   20 euros, sin desayuno.
T: **Si është dhoma?**
   ¿Cómo es la habitación?

R: **Dhoma është e mirë, me banjë dhe ujë tëngrohtë.**
   La habitación es buena, con baño y agua caliente.
T: **A ka telefon në dhomë?**
   ¿Hay teléfono en la habitación?
R: **Po, ka. Ja çelësi. Ashensori është atje.**
   Sí, hay. Tenga la llave. El ascensor está allí.
T: **Faleminderit.**
   Gracias.

 **Para construir frases**

I. 1	Ne	kemi	një	dhomë	për	një natë
						tri net
	Ju	keni				dy javë
						një muaj
						një vit

I. 2	Dhoma			i (e) mirë
		është		i (e) qetë
	Hoteli			i (e) pastër
				i (e) madh (e)

I. 3	Dhoma	është	me	banjë
				dush
				vaskë
				ujë të ngohtë

 II. Gramática

II. 1   Los números del 11 al 20

11 - njëmbëdhjetë;   12 - dymbëdhjetë;
13 - trembëdhjetë;   14 - katërmbëdhjetë;
15 - pesëmbëdhjetë;   16 - gjashtëmbëdhjetë;
17 - shtatëmbëdhjetë; 18 - tetëmbëdhjetë;
19 - nëntëmbëdhjetë; 20 - njëzet.

II. 2. Adverbios interrogativos: **Sa?** (cuánto); **Si?** (cómo)
Sa? se utiliza cuando se pregunta por la cantidad mientras que
Si? cuando se pregunta por la calidad.
Sa kushton një natë?
Si është dhoma?

II. 3. Verbo **kam** (tener/haber) en presente de indicativo

Forma **positiva**

Unë	**kam**	një	dhomë.
Ti	**ke**	një	veturë.
Ai, ajo	**ka**	një	shtëpi.
Ne	**kemi**	një	biçikletë.
Ju	**ken**	një	djalë.
Ata, ato	**kanë**	një	vajzë.

Forma **negativa**

Pronombre personal + **nuk** + verbo

Unë **nuk** kam një dhomë.
Ti **nuk** ke një dhomë.
.... etc.

Forma **interrogativa** (acompañada de una entonación creciente)

A + Verb + ...

A kam një dhomë?
A ke një dhomë?
.... etc.

III. Ejercicios

III. 1. Practica según el modelo (diálogo de sordos):

A: Dhoma është e madhe.
B: Çfarë?
A: Dhoma është e madhe.

Haz diálogos similares con las siguientes frases:
- Ashensori është atje.
- A keni një dhomë?
- A ka ujë të ngrohtë?
- A ka telefon në dhomë?
- Ja çelësi i dhomës.

III. 2. Complete con el verbo **kam:**

Unë .... një vëlla. Ne .... një motër. Ata ...... një vajzë. Ju ...... një djalë.
Ti ...... dy fëmijë. Ai ..... dy djem. Ajo ...... tri vajza. Ato .... dy vëllezër.

III. 3. Continúa.

Ti .... një dhomë.   Dhoma ...... ujë të ngrohtë.
Unë ..... një motër.   Ajo .... një biçikletë.
Ne .... një vëlla.   Ai .... një veturë.
Ju .... dy vëllezër.   Ata .... një shtëpi.

III. 4. Completa con las palabras que faltan:

Unë ...... një vëlla, por nuk .... motër.
...... ke një biçikletë, por ...... ke veturë.
Ai ka një shtëpi, ... nuk .... klinikë.
Ne .... dy djem, por nuk .... vajzë.
Ju keni një fletore, ... keni stilolaps.
...... kanë një radio, por .... një televizor.

Vocabulario – Lección II

a	partícula interrogativa	motër, ~ ra	hermana
ashensor, ~ i	ascensor	muaj, ~ i	mes
natë, ~ a	noche	natë, ~ a	noche
atje	allí	në	en, a
banjë, ~ a	baño	ngrohtë (i,e),	caliente
biçikletë, ~ a	bicicleta	nuk	no
çelës, ~ i	llave	një	uno
djalë, ~ i	chico	pa	sin
dollap, ~ i	armario	pastër (i,e)	limpio
dush, ~ i	ducha	qetë (i,e)	tranquilo
dhe	y	radio, ~ ja	radio
dhomë, ~ a	habitación	sa	cuanto (s)
fëmijë, ~ a	niño	stilolaps, ~ i	bolígrafo
fletore, ~ ja	cuaderno	shtëpi, ~ a	casa
hotel, ~ i	hotel	shtrat, ~ i	cama
ja	he aquí	telefon, ~ i	teléfono
javë, ~ a	semana	televizor, ~ i	televisor
kam	tener	ujë, ~ i	agua
klinikë, ~ a	clínica	vajzë, ~ a	chica
kushtoj	costar	vaskë, ~ a	bañera
madh, e (i,e)	grande	vëlla, ~ i	hermano
me	con	veturë, ~ a	coche
mirë (i, e)	bueno	vit, ~ i	año
mëngjes, ~ i	desayuno	zotëri, ~ a	señor

31

Lección III

 I. **Conversación:**

La Casa

Diálogos

A: **Ku e keni shtëpinë?**
 ¿Dónde tenéis la casa?
B: **Pranë spitalit.**
 Cerca del hospital.
A: **Është larg?**
 ¿Está lejos?
B: **Jo shumë. Ne banojmë në një vilë.**
 No mucho. Nosotros vivimos en un chalet.

A: **Si është shtëpia?**
 ¿Cómo es la casa?
B: **Është e madhe, por nuk ka verandë.
 Ka tri dhoma dhe një kuzhinë.
 Ka edhe një kopsht.**
 Es grande, pero no tiene porche. Tiene tres habitaciones y una cocina. Tiene también un jardín.
A: **Është e mobiluar mirë?**
 ¿Está bien amueblada?
B: **Po. Dhomat janë të vogla, por të rehatshme**.
 Sí. Las habitaciones son pequeñas, pero cómodas.

Para construir frases:

I. 1.	Unë	banoj	në një	shtëpi
				vilë
				apartament
	Ne	banojmë		hotel
				Tiranë

I. 2.	Shtëpia		një	dhomë (a)
	Vila	ka	dy	verandë (a)
	Apartamenti			kuzhinë (a)
	Hoteli		dhjetë	dritare
				ballkon (e)
				derë (dyer)

I. 3.	Shtëpia		larg	qendrës
	Vila	është	pranë	spitalit
	Apartamenti		afër	muzeut
				hotelit

 II. Gramática

II. 1. Números del 21 al 30:

21 - njëzet e një; 22 - njëzet e dy;
23 - njëzet e tre; 24 - njëzet e katër;
25 - njëzet e pesë; 26 - njëzet e gjashtë;
27 - njëzet e shtatë; 28 - njëzet e tetë
29 - njëzet e nëntë; 30 - tridhjetë.

II. 2. Verbos de la primera conjugación: verbo **banoj** (vivir, habitar)

Unë	bano - **j**	në Tiranë
Ti	bano - **n**	
Ai, ajo	bano - **n**	
Ne	bano - **jmë**	
Ju	bano - **ni**	
Ata, ato	bano - **jnë**	

II. 3. Emri (el nombre)

Los nombres en albanés cambian en número: en singular (numri njëjës) y en plural (numri shumës). El plural se forma:

– con la ayuda de sufijos:
- **e** (para la mayoría de los nombres masculinos)
    ej: një hotel - disa hotel**e**
        një apartament - disa apartament**e**

- **ë** (para algunos nombres en masculino)
    ej: një gazetar - disa gazetar**ë**
        një ashensor - disa ashensor**ë**

- **a** (para la mayoría de los nombres en femenino)
    ej: një dhomë - disa dhom**a**
        një vajzë - disa vajz**a**

– con cambios en la raíz de la palabra:
    ej: një natë -disa n**e**t
        një d**e**rë - disa d**ye**r

– con cambios en la raíz de la palabra + sufijo
    ej: një vëlla - disa vell**e+zër**
        një shtrat - disa shtre**tër**

 ## III. Ejercicios

III. 1. Completa empleando las terminaciones oportunas:

> Ju bano..... në Tiranë. Unë bano..... në një shtëpi të madhe. Ai bano..... në Vlorë. Ne bano....... në një hotel. Ata bano..... në Durrës. Ti bano....... në një apartament.

III. 2. Pon en plural:

> ej: Unë jam gjuhëtar - Ne jemi gjuhëtar**ë**

Ahora, sustituye la palabra *gjuhëtar* por *student, gazetar, historian, arkeolog*.

III. 3. Pon en plural:

ej: Unë kam një dhomë. - Ne kemi dy dhoma.

Ahora, sustituye la palabra *dhomë* por *çelës, vilë, apartament, biçikletë, shtrat.*

III. 4. Marca con una cruz el número en el que aparecen estos sustantivos:

Emrat (Nombres)	Njëjës (Singular)	Shumës (Plural)
gazetar		
studentë		
dhomë		
ballkon		
çelës		
netë		
shtrat		
djem		
kopshte		
verandë		

Vocabulario – Lección III

afër	cerca de
apartament, ~ i	apartamento
ballkon, ~ i	balcón
banoj	vivir, habitar
derë, ~ a	puerta
dritare, ~ ja	ventana
e	y
gjuhëtar, e	lingüista
kopsht, ~ i	jardín
ku	dónde
kuzhinë, ~ a	cocina
larg	lejos
mobiluar (i, e)	amueblado
muze, ~ u	museo
por	pero, aunque
pranë	cerca
qendër, ~ e	centro
rehat/shëm, ~shme (i, e)	confortable
spital, ~ i	hospital
verande, ~ a	galería, porche
vile, ~ a	villa
vogel (i, e)	pequeño

Lección IV

I. Conversación:

La hora

Diálogos

A: **Sa është ora tani?**
  ¿Qué hora es ahora?
E: **Ora është pesë pasdite.**
  Son las cinco de la tarde.
A: **Në ç'orë është treni?**
  ¿A qué hora es el tren?
E: **Në pesë e gjysëm. Shpejt! Nuk ka kohë.**
  A las cinco y media. ¡Rápido! No hay tiempo.

G: **Mirëdita, zoti Kraja. Jam gazetar.
    A jeni i lirë nesër për një intervistë?**
    Buenos días, Sr. Kraja. Soy periodista. ¿Está usted libre mañana para una entrevista?
Z. K: **Nesër, jam i zënë.**
    Mañana, estoy ocupado.
G: **Kur mendoni se do të jetë e mundur atëhere?**
    ¿Cuándo cree que será posible, entonces?
Z. K: **Pasnesër, nga ora gjashtë.**
    Pasado mañana, a las seis.
G: **Mirë. Mirupafshim pasnesër, në orën gjashtë.**
    Bien. Hasta pasado mañana, a las seis.

Para formar frases

I. 1. Ora është 2. 00 (dy fiks).
2. 05 (dy e pesë minuta).
2. 10 (dy e dhjetë).
2. 15 (dy e një çerek).
2. 25 (dy e njëzet e pesë).
2. 30 (dy e gjysmë).
2. 40 (tre pa njëzet).
2. 45 (tre pa një çerek).
2. 55 (tre pa pesë).

I. 2. Në ç'orë është treni?
autobusi?
avioni?
filmi?
darka?
dreka?
mëngjesi?

I. 3. Treni 7.00.
Autobusi 9.00.
Avioni 10.00.
Filmi është në orën 18.00.
Mëngjesi 8.00.
Dreka 13.00.
Darka 20.00.

I. 4. Tani unë jam i (e) lirë.
Sot ti je i (e) zënë.
Nesër ai është herët.
Pasnesër ajo

II. Gramática

II.1. Los números del 31 al 50:

31 - tridhjetë e një; 32 - tridhjetë e dy;
....
39 - tridhjetë e nëntë; 40 - dyzet;
41 - dyzet e një; 42 - dyzet e dy;
....
49 - dyzet e nëntë; 50 - pesëdhjetë.

II.2. Los adverbios interrogativos **Kur?** (¿Cuándo?), **Çfarë?** (¿Qué?)

Kur? Se utiliza para preguntar por el tiempo (cronológico). **Çfarë** puede aparecer también como **Ç'** pegado a la palabra siguiente, con el mismo significado.
Kur fillon filmi?
¿Cuándo empieza la película?
Në **ç'**orë është treni?
¿A qué hora es el tren?

II.3. El género (**Gjinia**) del nombre:

Los nombres en albanés son mayoritariamente de género masculino (mashkullore) o femenino (femërore). Solo unos pocos son de género neutro.

Son de género masculino los nombres que terminan en:
- consonante:
  por ejemplo: studen**t**, hote**l**, ballko**n**, fil**m**, tre**n** ..., etc.
- vocal acentuada:
  por ejemplo: vëll**a**, muz**e**...., etc.

Son de género femenino los nombres que terminan en:
- **ë** no acentuada:
  por ejemplo: drek**ë**, dark**ë**, dhom**ë**, vil**ë**, vetur**ë**, etc.

 ## III. Ejercicios

III.1. Practica según el modelo (dialogo de sordos):
A: Ora është tre pa një çerek (2. 45)
B: Sa?
A: Tre pa një çerek.

Ahora, sustituye *2:45 mit 7:15; 5:25; 6:45; 18:20; 15:30; 20:00; 11:10*

III.2. Encuentra el intruso: marca con una cruz el nombre que tiene género diferente al resto:

gjuhëtar, arkeolog, mëngjes, drekë, telefon, film, tren, avion, autobus, shtrat.

III.3. Haz lo mismo a continuación:

banjë, vaskë, dush, javë, natë, dhomë, bicikletë, vajzë, klinikë.

III.4. Marca con una cruz el género de estos nombres:

Emrat	Mashkullore	Femërore
dhomë shtrat vëlla biçikletë djalë ballkon muze vilë motër veturë		

Vocabulario – Lección IV

atëherë	entonces
avion, ~ i	avión
ç'	qué
çerek	cuarto
darkë, ~ a	cena
drekë, ~ a	comida
fiks	en punto, justo
film, ~ i	película, film
gjysmë	medio, -a, mitad
herët	pronto
intervistë, ~ a	entrevista
kohë, ~ a	tiempo
kur	cuándo
lirë (i,e)	libre, barato
mendoj	pensar
minutë, ~ a	minuto
nesër	mañana
orë, ~ a	hora
pa	sin
pasnesër	pasado mañana
shpejt	rápido
tani	ahora
tren, ~ i	tren
vonë	tarde
zënë (i,e)	ocupado, -a

Lección V

I. Conversación:

En el bar

Dialógos

A: **Kamarier! Tri kafe, dhe dy birra, ju lutem.**
   ¡Camarero! Tres cafés y dos cervezas, por favor.
K: **Mirë, zotëri.**
   Bien, señor.
A: **Prit, një minutë! Dy birra, dy kafe dhe një çaj për mua.**
   ¡Espera, un minuto! Dos cervezas, dos cafés y un té para mí.

En el restaurante

A: **Një tavolinë për dy vetë, ju lutem.**
   Una mesa para dos personas, por favor.
K: **Kaloni këtej... Ja lista e gjellëve. Ç'dëshironi?**
   Pasen por aquí... He aquí el menú. ¿Qué desean?
A: **Çfarë na këshilloni? A ka ndonjë specialitet shqiptar?**
   ¿Qué nos recomienda? ¿Hay alguna especialidad albanesa?
K: **Po, tavë Elbasani.**
   Sí, *tavë Elbasani*.
A: **Atëherë, sallatë të përzier për të dy dhe një tavë Elbasani për mua. Po për ty?**
   Entonces, ensalada mixta para dos y una cazuela de Elbasán para mí. ¿Y para ti?
E: **Për mua peshk.**
   Para mí, pescado.
K: **Po tjetër?**
   ¿Algo más?
E: **Fruta dhe, për të pirë, verë dhe ujë mineral.**
   Fruta y, para beber, vino y agua mineral.

Para formar frases

I. 1. Një   qumësht   për   mua.
             kakao   ty.
             kapuçino   (a) të.
             lëng frutash   ne.
             ujë mineral   ju.
             limonatë   (a) ta.

I. 2. Unë dëshiroj   biftek.
                                      patate të skuqura.
            kërkoj   verë të kuqe.
                                      verë të bardhë.
            këshilloj   ëmbëlsirë.
                                      akullore.

I. 3. Unë (nuk)   dua   mëngjes.
                                      drekë.
            ha   darkë.
                                      bukë.
            pi   ujë.
                                      verë.

II. Grammática

II.1. Los números del 51 al 100:

       51 - pesëdhjetë e një; ....
       59 - pesëdhjetë e nëntë;
       60 - gjashtëdhjetë;
       61 - gjashtëdhjetë e një; ....
       70 - shtatëdhjetë;
       71 - shtatëdhjetë e një ....
       80 - tetëdhjetë;
       81 - tetëdhjetë e një ....
       90 - nëntëdhjetë;
       91 - nëntëdhjetë e një ....
       100 - njëqind.

II.2. Presente de indicativo de los verbos de la segunda conjugación: verbo **hap** (abrir)

Unë	hap -	derën
Ti	hap -	derën
Ai, ajo	hap -	derën
Ne	hap - **im**	derën
Ju	hap - **ni** derën	
Ata, ato hap - **in** derën		

II.3. Presente de indicativo de los verbos de la tercera conjugación: verbo **ha** (comer)

Unë	ha -	fruta
Ti	ha -	fruta
Ai ajo	ha -	fruta
Ne	ha - **më** fruta	
Ju	ha - **ni** fruta	
Ata, ato ha - **në** fruta		

Sin embargo, el verbo **dua** (querer) es irregular:

Unë	dua	ujë
Ti	do	ujë
Ai, ajo	do	ujë
Ne	duam	ujë
Ju	doni	ujë
Ata, ato	duan	ujë

III. Ejercicos

III.1. Estás sentado en un bar. Echa un vistazo a la carta y pide:

bebidas calientes		bebidas frías	
kafe	20 lekë	lëng frutash (pjeshke, qershie)	50 lekë
kakao	30 lekë	ujë mineral	15 lekë
kapuçino	40 lekë	birrë	60 lekë
çaj	30 lekë	limonatë	30 lekë
qumësht	20 lekë		

III.2. Escribe en las frases siguientes el pronombre personal que corresponda:
Verbo **mbyll** (cerrar)

.... mbyllni derën. ..... mbyll derën. ..... mbyllim dritaren
....mbyll dritaren........ mbyllin librin. ...... mbyll librin.

III.3. Completa las frases siguientes con la forma del verbo **ha** que corresponda:

Unë .... bukë. Ne .... drekë. Ata ...... mëngjes.
Ti ...... darkë. Ai ...... peshk. Ju ...... ëmbëlsirë.

III.4. Conjuga los verbos según el modelo:

Unë ha mish, nuk ha peshk.
....
....
....
....
....

III.5. Conjuga los verbos según el modelo:

Unë pi verë, nuk pi birrë.
....
....
....
....
....

III.6. Conjuga los verbos según el modelo:

Unë dua kafe, nuk dua çaj.
....
....
....
....
....

Vocabulario – Lección V

akullore, ~ ja	helado	**këtej**	por aquí
bar, ~ i	bar	**kuq~ i, kuq~ e**	rojo, roja
bardhë (i,e)	blanco, -a	**lëng frutash**	zumo de fruta
biftek, ~ u	filete, bistec	**limonatë, ~ a**	limonada
birrë, ~ a	cerveza	**mish, ~ i**	carne
bukë, ~ a	pan	**ndonjë**	algún
çaj, ~ i	té	**patate, ~ ja**	patata
dëshiroj	desear	**patate të skuqura**	patatas fritas
dua	querer	**përzier (i,e)**	variado, -a; mixto,-a.
ëmbëlsirë, ~ a	dulce, postre	**peshk, ~ u**	pescado
frutë, ~ a	fruta	**pije, ~ a**	bebida
ftohtë (i,e)	frío, -a.	**pjeshkë, ~ a**	melocotón
gjellë, ~ a	plato (plato cocinado)	**qershi, ~ a**	cereza
ha	comer	**qumësht, ~ i**	leche
hap	abrir	**restorant, ~ i**	restaurante
ju lutem	por favor, de nada	**sallatë, ~ a**	ensalada
kafe, ~ ja	café	**shqiptar, ~ e**	albanés, -a.
kakao, ~ ja	cacao	**specialitet, ~ i**	especialidad
kaloj	pasar	**tavolinë, ~ a**	mesa
kamarier, ~ i	camarero	**tjetër**	otro
kapuçino, ~ ja	capuchino	**ujë mineral**	agua mineral
këshilloj	aconsejar	**ujë, ~ i**	agua
		verë, ~ a	vino

Lección VI

I. Conversación:

En la calle

Diálogos

A: **Më falni, kërkoj stacionin e trenit.**
   Disculpe, busco la estación de tren.
B: **Ecni drejt dhe pyesni tek kryqëzimi.**
   Siga recto y pregunte en el cruce.

En el cruce

A: **Më falni. Kërkoj stacionin e trenit. Është larg?**
   Disculpe. Busco la estación de tren. ¿Está lejos?
B: **Jo, është afër. Do të merrni rrugën majtas, do të vazhdoni pak drejt, pastaj do të ktheheni djathtas.**
   No, está cerca. Tome la calle de la izquierda, continúe recto un poco y luego giré a la derecha.
A: **Ditën e mirë. Faleminderit.**
   Que tenga un buen día. Gracias.
B: **Ju lutem.**
   De nada.

Para formar frases

I. 1 Autobusi   pranë   restorantit.
      Stacioni është   bankës.
      Muzeu   larg   hotelit.
      Taksitë janë   afër   stacionit.

I. 2. (Unë)   kërkoj   stacionin e trenit.
                                   muzeun.
                                   hotelin.
                                   bankën.
                                   restorantin.

I. 3. (Unë)   eci   drejt.
                 vazhdoj   majtas.
                 kthehem   djathtas.

I. 4. (Unë)   marr   rrugën   majtas.
                                   djathtas.
                                   përballë.

 II. Grammática

II.1. Los números del 200 al 1000:

> 200 - dyqind; 300 - treqind;
> 400 - katërqind; 500 - pesëqind;
> 600 - gjashtëqind; 700 - shtatëqind;
> 800 - tetëqind; 900 - nëntëqind;
> 1000 - njëmijë.

II.2. El caso (rasa). Hay cinco casos en albanés.

> *Nominativ*   (emërore)
> *Genitiv*   (gjinore)
> *Dativ*   (dhanore)
> *Akkusativ*   (kallëzore)
> *Ablativ*   (rrjedhore)

El albanés no tiene formas específicas para todos los casos. El nombre sufre cambios de un caso al otro según su función en la frase, lo que llamamos declinación (**lakim**)

C	1ª declinación	2ª declinación	3ª declinación
N	stacion**i**	mik**u**	rrug**a**
G	i, e stacion**it**	i, e mik**ut**	i, e rrug**ës**
D	stacion**it**	mik**ut**	rrug**ës**
A	stacion**in**	mik**un**	rrug**ën**
A	stacion**it**	mik**ut**	rrug**ës**

II.3. Conjugación: Futuro de indicativo (koha e ardhmme).
do + të + Verb

Pers.	1a conjugatión	2a conjugatión	3a conjugatión
Unë	**do të** shko**j**	**do të** hap	**do të** pi
Ti	shko**sh**	hap**ësh**	pi**sh**
Ai, ajo	shko**sh**	hap**ë**	pi**jë**
Ne	shko**jmë**	hap**im**	pi**më**
Ju	shko**ni**	hap**ni**	pi**në**
Ata, ato	shko**jnë**	hap**in**	pi**në**

 III. Ejercicios

III.1. Encuentra el intruso. Tacha la palabra que no es de la primera declinación:

libri, filmi, qyteti, djali, kopshti, rruga, treni.

III.2. Tacha la palabra que no es de la tercera declinación:

vetura, biçikleta, vajza, avioni, klinika, motra, shtëpia.

III.3. Marca con una cruz la declinación correcta para cada nombre en la siguiente tabla:

Nombres	I	II	III
verandë			
kuzhinë			
muze			
hotel			
natë			
apartament			
vilë			
mik			
drekë			
ballkon			

III.4. Conjuga según el modelo:

Unë do të shkoj majtas, nuk do të shkoj djathtas.
....
....
....
....
....

III.5. Conjuga según el modelo:

Unë do të pres pak, nuk do të pres shumë.
....
....
....
....
....

III.6. Conjuga según el modelo:

Unë do të pi verë, nuk do të pi birrë.
....
....
....
....
....

Vocabulario – Lección VI

afër	cerca
bankë~ a	banco
djathtas	a la derecha
drejt	recto
eci	andar
fal	disculpar
më falni	disculpadme, discúlpeme
kryqëzim, ~ i	cruce
kthehem	volver, girar
larg	lejos
majtas	sinistra
marr	coger, tomar
mik, ~ u	amigo
pak	poco
pastaj	después, más tarde
përballë	enfrente
pranë	cerca
pyes	preguntar
rrugë, ~ a	calle
stacion, ~ i *(autobusi, treni)*	estación (de bus, tren)
taksi, ~ a	taxi
tek	en
vazhdoj	continuar

Lección VII

I. Conversación:

De Viaje

Diálogos

A: **Mirëdita! Një biletë për Vlorë, ju lutem.**
   ¡Buenos días! Un billete para Vlora, por favor.
B: **Më vjen keq, zotëri. Nuk ka vend.**
   Lo siento, señor. No hay plazas.
A: **Kur ka autobus tjetër?**
   ¿Cuándo hay otro autobús?
B: **Pas një ore.**
   En una hora.
A: **Sa kushton bileta për në Vlorë?**
   ¿Cuánto cuesta un billete para Vlora?
B: **200 lekë.**
   200 lekë.
A: **Atëhere, një biletë për Vlorë, ju lutem.**
   Entonces, un billete por favor.

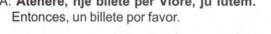

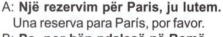

A: **Një rezervim për Paris, ju lutem.**
   Una reserva para París, por favor.
B: **Po, por bën ndalesë në Romë.**
   Sí, pero hace escala en Roma.
A: **Kur është fluturimi?**
   ¿Cuándo es el vuelo?
B: **Pas dy ditësh, në 12.30.**
   Dentro de dos días, a las 12.30.
A: **Sa bën bileta?**
   ¿Cuanto cuesta el billete?
B: **300 Euro**
   300 Euros.
A: **Faleminderit.**
   Gracias.

Para construir frases

I. 1.	Sa		kushton	bileta?
				nata?
		bën		libri?
		është		harta?
				birra?

I. 2	Kur	është	fluturimi?
			koncerti?
			mësimi?
			dreka?
			darka?

I. 3.	Autobus	tjetër	ka	pas një ore.
	Fluturim			pas dy ditësh.
	Koncert			pas dy orësh.
				pas një jave.

 ## II. Gramática

II.1. La declinación de los nombres en plural.

Caso	1ª declinación		2ª declinación	3ª declinación	
N		stacionet	miqtë		rrugët
G	i, e	stacioneve	i, e miqve	i, e	rrugëve
D		stacioneve	miqve		rrugëve
A		stacionet	miqtë		rrugët
A		stacioneve	miqve		rrugëve

II.2. Nombres articulados y no articulados.

Masculino singular:
no articulado   articulado

një
ky   djalë   djal**i**
ai

Masculino plural:

disa
këta djem djem**të**
ata

Femenino Singular:

një
kjo vajzë vajz**a**
ajo

Femenino Plural:

disa
këto vajza vajza**t**
ato

II.3. El Futuro de los indicativo de los verbos *jam* y *kam:*

Person	Jam		Kam	
Unë	**do të**	j**e**m	**do të**	k**e**m
Ti		je**sh**		ke**sh**
Ai, ajo		je**të**		ke**të**
Ne		je**mi**		ke**mi**
Ju		je**ni**		ke**ni**
Ata, ato		je**në**		ke**në**

Atención:
Unë j**a**m pero unë do të j**e**m
Unë k**a**m unë do të k**e**m

 ## III. Ejercicios

III.1. Encuentra el "intruso": señala el nombre articulado de la siguiente lista:
djalë, gazetar, motër, historiani, avion, tren, biletë, autobus, film, koncert.

III.2. Señala el nombre no articulado de la siguiente lista:
dhoma, veranda, shtëpia, kopshti, ballkoni, vilë, hoteli, ashensori, kuzhina, spitali.

III.3. Marca con una cruz la forma en la que aparecen los siguientes nombres:

Nombres	Definido	Indefinido
koncerte		
koncertet		
gazetarë		
gazetarët		
dhoma		
dhomat		
muze		
muzetë		
shtëpi		
shtëpitë		

III.4. Conjuga según el modelo:

Tani jam këtu, pastaj do të jem atje.
....
....
....
....
....

III.5. Conjuga según el modelo:

Sot kam një biçikletë, nesër do të kem veturë.
....
....
....
....
....

III.6. Conjuga según el modelo:

Sot jam i lirë, nesër do të jem i zënë.
....
....
............të lirë....................të zënë
....
....

Vocabulario – Lección VII

ata	ellos
bëj	hace
disa	algunos
fluturim, ~ i	vuelo
hartë, ~ a	mapa
këta	estos
koncert, ~ i	concierto
më vjen keq	lo siento (lit: me viene mal)
ndalesë, ~ a	parada
pas	dentro de..., en..
rezervim, ~ i	reserva
vend, ~ i	sitio, lugar, país.
udhëtim, ~i	viaje

Lecctión VIII

I. Conversaciones:

En la Estación de Tren

Diálogos

A: **Ku është biletaria?**
   ¿Dónde está la taquilla?
B: **Këtu pranë.**
   Aquí al lado.
A: **Një biletë për Shkodër, ju lutem.**
   Un billete para Skodra, por favor.
B: **Vajtje - ardhje?**
   ¿Ida y vuelta?
A: **Po. Ku do ta ndërroj trenin?**
   Sí. ¿Dónde cambiaré de tren?
B: **Në stacionin e Vorës. Pyesni kontrollorin.**
   En la estación de Vora. Pregunte al revisor.
A: **Ky është treni që niset?**
   ¿Es el tren que sale?
B: **Jo. Do të prisni pak.**
   No. Tendrá que esperar un poco.

A: **Taksi, ju lutem.**
   Taxi, por favor.
T: **Ku do të shkoni?**
   ¿Dónde va?
A: **Ja adresa.**
   Aquí está la dirección.
T: **Keni bagazhe?**
   ¿Tiene equipaje?
A: **Një valixhe dhe dy çanta. Faleminderit.**
   Una maleta y dos bolsos. Gracias.

Para construir frases

I. 1.	Një	biletë	për	Vlorë, ju lutem.
				Shkodër.
		rezervim		Paris.
				Romë.

I.2.	Ku	është		biletaria?
				spitali?
				stacioni?
				hoteli?
		ndalon		autobusi?
				treni?

I. 3.	Kur	niset		autobusi?
		vjen		treni?
				avioni?
		fillon		konferenca?
		mbaron		shfaqja?
				mësimi?

 ## II. Gramática

II. 1. El adjetivo (mbiemri)

Los adjetivos en albanés presentan diferencias en cuanto al género y al número, y tienen grados, Concuerdan en género y número con el sustantivo al que acompañan.

Normalmente se construyen con una particula antepuesta
    i mirë (bueno), **e madhe** (bonita)

Pero algunos adjetivos no la llevan:
    shqiptar (albanés), , **mineral** (mineral)

II. 2. La formación del femenino.
    El femenino de los adjetivos se forma:
- anteponiendo la partícula e:

    i pastër (limpio) - **e** pastër (limpia)
    i lirë (barato) - **e** lirë (barata)

- anteponiendo la partícula **e** y añadiendo a la raíz del sustantivo en masculino una **-e**:
    i madh (grande) - **e** madhe (grande)
    i rehatshëm (tranquilo) - **e** rehatshme (tranquila)

- añadiendo a la raíz del sustantivo en masculino una **-e**:
    djalë shqiptar (el chico albanés) - vajzë shqiptar**e** (la chica albanesa)

II.3. La formación del plural.
    El plural de los adjetivos se forma:
- sustituyendo la partícula **i** o **e** por la partícula **të**:
    i bukur (bonito) - **të** bukur (bonitos)
    e rehatshme - **të** rehatshme

- añadiendo a la raíz del sustantivo en masculino una -**ë**:
    djalë shqiptar - djem shqiptar**ë**
    film interesant - filma interesant**ë**

pero
    vajzë shqiptare - vajza shqiptare
    shfaqje interesante - shfaqje interesante

 III. Ejercicios

III.1. Practica según el modelo (diálogo de sordos):
    A: Ku është biletaria?
    B: Çfarë?
    A: Ku është biletaria?

III.2. Haz diálogos similares con las siguientes frases:
    - Një biletë për Shkodër, ju lutem.
    - Ku do të shkoni?
    - Keni bagazhe?
    - Kur ka autobus tjetër?
    - Sa kushton bileta?

III.3. Pon estos adjetivos en femenino:
    i mirë - **e** mirë

    i pastër ....
    i qetë...
    i bukur ....
    i ngrohtë ....

　　　　i mobiluar ....
　　　　i përzier ....
　　　　i bardhë ....

III.4. Pon estos adjetivos en femenino:
　　　shqiptar - shqiptar**e**

　　　　amerikan......................................
　　　　rumun..
　　　　bullgar..
　　　　grek..
　　　　francez...
　　　　normal..
　　　　interesant....................................

III.5. Pon estos adjetivos en plural, como en el modelo:

　　　i bukur - **të** bukur

　　　　i pastër..
　　　　i mirë ....
　　　　i ngrohtë ....
　　　　i bardhë ....

　　　e bukur - **të** buku**ra**

　　　　e pastër ....
　　　　e mirë ....
　　　　e ngrohtë ....
　　　　e bardhë ....

Vocabulario – Lección VIII

adresë, ~ a	dirección
amerikan, e	americano
bagazh, ~ i	equipaje
biletari, ~ a	taquilla
sportel, ~ i	ventanilla
bullgar, e	búlgaro
çantë, ~ a	bolsa
francez, e	francés
grek, e	griego
interesant, e	interesante
konferencë, ~ a	conferencia
kontrollor, ~ i *(treni)*	revisor
ndërroj	cambiar
normal, e	normal
rumun, e	rumano
vajtje-ardhje	ida y vuelta

61

Lección IX

II. Conversaciones:

En la Oficina de Correos

Diálogos

A: **Dy pulla për Itali, ju lutem.**
   Dos sellos para Italia, por favor.
B: **Rekomande apo të thjeshta?**
   ¿Envío certificado o normal?
A: **Të thjeshta. Sa bëjnë?**
   Normal. ¿Cuánto valen?
B: **40 lekë.**
   40 lekë.
A: **Kur arrijnë letrat?**
   ¿Cuándo llegan las cartas?
B: **Pas një jave.**
   En una semana.

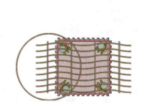

A: **Një telegram për Francë, ju lutem.**
   Un telegrama para Francia, por favor.
B: **Të zakonshëm apo urgjent?**
   ¿Normal o urgente?
A: **Urgent. Ja formulari i plotësuar. Sa bën?**
   Urgente. Aquí está el formulario relleno.
   ¿Cuánto cuesta?
B: **200 lekë.**
   200 lekë.
A: **Faleminderit. Ditën e mirë.**
   Gracias. ¡Que tenga un buen día!

Para construir frases

I. 1.	Kur	arrin	treni?
			autobusi?
			avioni?
		arrijnë	letrat?
			telegramet?

I. 2.	Treni	arrin	pas	një ore.
	Autobusi			dy orësh.
	Avioni			20 minutash
	Letrat	arrijnë		një jave.
	Telegramet			një viti.

I. 3.	(Unë)	kam		drekë.
				darkë.
			një takim pas	mbledhjes.
	(Ai)	ka		shfaqjes.
				dy orësh.

II. Gramática

II.1. Grados del adjetivo

Los tres grados del adjetivo son los siguientes:
- *positivo* (pohore)
- *comparativo* (krahasore)
- *superlativo* (sipërore)

II.1.1. El grado positivo es la base para los otros dos grados:
i madh, i bukur

II.1.2. El grado comparativo (más ... que) se forma así: **më** + adjetivo + **se (sesa)**
më i madh **se**...., **më** i bukur **se**......
më e madhe **se** ...., **më** e bukur **se**.....

II.1.3. El grado superlativo (muy ...) se forma así: **shumë (mjaft, tepër)** + adjetivo
shumë i madh, **tepër** i bukur
mjaft e madhe, **shumë** e bukur

II.2. El Pretérito indefinido de indicativo (kryera e thjeshtë e mënyres dëftore) de los verbos **jam** y **kam**:

Persona	Jam	Kam
Unë	qeshë	pata
Ti	qe	pate
Ai, ajo	qe	pati
Ne	qemë	patëm
Ju	qetë	patët
Ata, ato	qenë	patën

III. Ejercicios

II.1.3.III.1. Escribe los adjetivo en el grado correspondiente:
   Kjo shtëpi është **e madhe**.

   Kjo shtëpi është **e madhe**.
   Kjo shtëpi është **më e madhe sesa** ajo.
   Kjo shtëpi është **shumë e madhe**

   Ky apartament është **i pastër**.
   Ky apartament është .... ai.
   Ky apartament është ....

   Ky hotel është **i qetë**.
   ....
   ....

   Ky djalë është **i mirë**.
   ....
   ....

   Kjo dhomë është **e rehatshme**.
   ....
   ....

   Kjo vajzë është **e bukur**.
   ....
   ....

Ky libër është interesant.
....
....

III.2. Conjuga según el modelo:

Dje (unë) qeshë i zënë, sot nuk jam.
....
....
....
....
....

III.3. Conjuga de acuerdo con el patrón siguiente:

Dje (unë) pata kohë, sot nuk kam.
....
....
....
....

Vocabulario – Lección IX

arrij	llegar
formular, ~i	formulario
letër, ~ra	carta
mbledhje~ a	reunión
plotësuar (i, e)	relleno, completo
pullë, ~ a	sello
rekomande	certificado
shfaqje, ~ a	actuación
takim, ~ i	cita
telegram, ~ i	telegrama
thjeshtë (i, e)	simple, sencillo
urgjent, e	urgente
zakonshëm (i)	normal, ordinario

Lección X

I. Conversaciones:

Al Teléfono

Diálogos

S: **Biblioteka Kombëtare. Mirëdita.**
   Biblioteca nacional. Buenos días.
B: **A mund të flas me z. Basha, ju lutem.**
   ¿Podría hablar con el Sr. Basha, por favor?
S: **Z. Basha nuk është këtu tani. Keni ndonjë porosi për të?**
   El Sr. Basha no está aquí ahora. ¿Tiene algún recado para él?
B: **Jo. Do të telefonoj më vonë.**
   No. Llamaré más tarde.

A: **Alo! 22 70 17?**
   Hola. ¿Es el 22 70 17?
B: **Jo, zonjë. Jeni gabim. Jemi 22 71 17.**
   No, señora. Se ha equivocado. Es es el 22 71 17.
A: **Më falni, zonjë! Ditën e mirë!**
   ¡Disculpe, señora! ¡Que tenga un buen día!

A: **A ka telefon këtu?**
   ¿Hay teléfono aquí?
B: **Po, ja tek është.**
   Sí, está aquí al lado.
A: **Telefon me monedhë?**
   ¿Con monedas?
B: **Jo, me kartë. Unë sapo telefonova**
   No, con tarjeta. Yo acabo de llamar (lit: justamente llamé).
A: **Si veprove?**
   ¿Cómo lo hiciste?
B: **Ngrita receptorin, futa kartën, pastaj formova numrin.**
   Cogí el auricular, metí la tarjeta y después marqué el número.
A: **Faleminderit.**
   Gracias.

Para construir frases

I.1.	(Unë)	do të telefonoj	më vonë. pas një ore. nesër. pas dy ditësh. pas një jave.
I.2.	(Unë)	telefonova	dje. para një ore. para pak minutash. para dy ditësh. para një jave.
I.3.	(Unë)	sapo ngrita futa formova numrin. kërkova z. X.	telefonova. receptorin. kartën.

 II. Gramática

II. 1. II.1. El Pretérito Indefinido de indicativo (continuación):

Personas	Shkoj	Hap	Pi
Unë	shko**va**	hap**a**	p**iva**
Ti	shko**ve**	hap**e**	p**ive**
Ai, ajo	shko**i**	hap**i**	p**iu**
Ne	shkua**m**	hap**ëm**	pi**më**
Ju	shkua**t**	hap**ët**	pi**të**
Ata, ato	shkua**n**	hap**ën**	pi**në**

II.2. Los adverbios (ndajfoljet)
Son invariables (no cambian en género o número) y se clasifican en:

- adverbios **de modo:** mirë, keq, bukur, pastër, shpejt, ngadalë, shqip, qetësisht, ngrotësisht, etc..
- adverbios **de cantidad:** shumë, fort, mjaft, pak, tepër, etc..
- adverbios **de tiempo:** nesër, pasnesër, dje, pardje, rrallë, shpesh, sapo, gjithmonë, asnjëherë, etc..
- adverbios **de lugar:** afër, pranë, larg, majtas, djathtas, këtu, atje, diku, kudo, etc..

II. 3. Grados de los adverbios (se aplica únicamente a los adverbios de modo y lugar).

- La forma positiva es la raíz de los otros grados:
    shpejt, mirë, afër, larg.

- El comparativo se forma de la siguiente forma: **më** + adverbio + **sesa**
    më shpejt **se (sesa)**
    más rápido que
    më larg **se (sesa)**
    más lejos que

- El superlativo se forma de la siguiente forma: **shumë** + adverbio
    shumë (mjaft, tepër) shpejt
    muy rápido
    shumë (mjaft, tepër) larg
    muy lejos

III. Ejercicios

III.1. Practica según el modelo:
    A: (Ai) piu verë.
    B: (Ai) piu pak verë.
    C: Jo, jo, (ai) piu shumë verë.

III.2. Remplazando *ai* con *ne, ju, ata, unë, ti, ajo, ato.*

III. 3. Conjuga según el modelo:
    (Unë) vazhdova majtas, jo djathtas.

    ....
    ....
    ....
    ....
    ....

III.4. Conjuga según el modelo:
    (Unë) prita pak, jo shumë.

    ....
    ....
    ....
    ....
    ....

III. 5. Conjuga según el modelo:
(Unë) piva birrë, jo verë.

....
....
....
....
....

III. 6. Escribe los adverbios en el grado correspondiente, según se muestra en el ejemplo:

z.B.: Stacioni është **larg**.
Stacioni është **më larg sesa** hoteli.
Stacioni është **shumë larg**.

Ti shkruan **mirë**.
Ti shkruan ....unë.
Ti shkruan................................

Hoteli është **afër**.
....
....

Ti do të kthehesh **shpejt**.
....
....

Ai këndon **bukur**.
....
....

Ajo flet **ngadalë**.
....
....

Vocabulario – Lección X

asnjëherë	nunca
bukur	bien (no confundir con el adjetivo i/e bukur: bonito)
diku	en algún lugar
flas	hablar
formoj	formar, confeccionar (tlfn: marcar)
fort	fuertemente, con gran fuerza
fus	colocar dentro, meter, introducir
gabim, ~ i	error, equívoco
gjithmonë	siempre
gjuhësi, ~ a	lingüística
institut, ~ i	instituto
kartë, ~ a	tarjeta
këtu	aquí
kudo	en todos los sitios
mjaft	suficiente
monedhë, ~ a	moneda
ngadalë	despacio
ngre	alzar, levantar
ngrohtësisht	cálidamente
numër, ~ ri	número
para, ~ ja	dinero, papel moneda
porosi, ~ a	encargo, recado, petición/pedido
qetësisht	tranquilamente
receptor, ~ i	receptor, (tlfn: auricular)
rallë	raramente, apenas
sapo	justamente, acabar de...
se (sesa)	que
shpesh	a menudo, frecuentemente
shqip	Albanés (idioma)
tepër	demasiado, excesivamente
veproj	actuar, hacer
zonjë, ~ a	señora

Lección XI

I. Albanés hablado

De compras

Diálogos

A: **Mirëdita! Kërkoj një fund të shkurtër.
Më tregoni disa modele, ju lutem.**
Buenos días. Busco una falda corta.
Enséñeme algunos modelos, por favor.

SH: **Çfarë mase keni?**
¿Qué talla tiene?

A: **40.**
La 40.

SH: **Mendoj se ky ju shkon shumë.**
Creo que esta le va bien.

C: **Edhe fundi i gjatë është i bukur, por nuk është masa juaj.**
La falda larga también es bonita, pero no hay de su talla.

A: **Ku ta provoj?**
¿Dónde me la pruebo?

Sh: **Atje....... Ju pëlqen?**
Allí... ¿Le gusta?

A: **Është i bukur, por shumë i shtrenjtë. Keni ndonjë më të lirë?**
Es bonita; pero muy cara. ¿Tienen otra más barata?

Para construir frases

I. 1.	Kërkoj	një fund	(më)	të shkurtër.
		bluzë		të gjatë.
		fustan		të ngushtë.
		xhaketë		të gjerë.
		këmishë		të lirë.
		kostum		të shtrenjtë.
I. 2.	Dua	një fund	ngjyrë	të zezë.
		bluzë		të bardhë.
		fustan		të kuqe.
		xhaketë		të verdhë.
		këmishë		jeshile.
		pallto		kafe.
		shall		bezhë.
		triko		rozë.
I. 3.	Keni	një palë	pantallona	për mua?
			çorape	(a) të?
			këpucë	ne?
			sandale	(a) ta?

 II. Gramática

II.1. Pronombres posesivos (Përemrat pronorë)

Los pronombres posesivos cambian según la persona, el género, el número y el caso.

II. 1. 1.

	Singular	Un poseedor
P	Femenino	Masculino
I	shoku im	shoqja ime
II	shoku yt	shoqja jote
III	shoku i tij	shoqja e tij
	shoku i saj	shoqja e saj

II. 1. 2.

P	Plural		Un poseedor	
	Femenino		Masculino	
I	shokët	e mi	shoqet	e mia
II	shokët	e tu	shoqet	e tua
III	shokët	e tij	shoqet	e tij
	shokët	e saj	shoqet	e saj

II. 1. 3.

P	Singular		Varios poseedores	
	Femenino		Masculino	
I	shoku	ynë	shoqja	jonë
II	shoku	juaj	shoqja	juaj
III	shoku	i tyre	shoqja	e tyre

II. 1. 4.

P	Plural		Varios poseedores	
	Femenino		Masculino	
I	shokët	tanë	shoqet	tona
II	shokët	tuaj	shoqet	tuaja
III	shokët	e tyre	shoqet	e tyre

 III. Ejercicios

III.1. Completa según el modelo con los posesivos adecuados:
  Unë kam një mik. Miku **im** është i mirë.

   Unë kam nje shoqe. Shoqja ... është e mirë.
   Ti ke një mik. Miku ..... është i dashur.
   Ti ke një mike. Mikja ..... është e dashur.
   Ai ka një djalë. Djali ......është i mirë.
   Ajo ka një vajzë. Vajza ..... është e dashur.

III.2. Completa según el modelo con los posesivos adecuados:

Unë kam disa libra. Librat **e mi** janë interesantë.

Unë kam disa fletore. Fletoret ..... janë të reja.
Ti ke disa libra. Librat .....janë interesantë.
Ti ke disa fletore. Fletoret ..... janë të reja.
Ai ka disa fletore. Fletoret ...... janë të reja.
Ajo ka disa libra. Librat .... janë interesantë.

III.3. Completa según el modelo con los posesivos adecuados:

Ne kemi një shtëpi. Shtëpia **jonë** është e madhe.

Ju keni një shtëpi. Shtëpia...... është e madhe.
Ata kanë një shtëpi. Shtëpia ... është e madhe.
Ne kemi një apartament. Apartamenti **ynë** është i madh.
Ju keni një apartament. Apartamenti ..... është i madh.
Ata kanë një apartament. Apartamenti ...... është i madh.

III.4. Completa según el modelo con los posesivos adecuados:

Ne kemi dy djem. Djemtë **tanë** janë të mirë.

Ju keni dy djem. Djemtë .... janë të mirë.
Ata kanë dy djem. Djemtë ...... janë të mirë.
Ne kemi dy vajza. Vajzat **tona** janë të mira.
Ju keni dy vajza. Vajzat .... janë të mira.
Ata kanë dy vajza. Vajzat .... janë të mira.

III.5. Foto de familia. Escribe el posesivo que corresponda:

Adi: Në këtë fotografi është familja **ime** dhe miqtë **e mi**. Ky është babai .....
dhe kjo është nëna ....; djathtas janë motra ..... dhe vëllai .... Majtas janë
miku ..... Berti dhe mikja ....Zana.

Vocabulario – Lección XI

bluzë, ~ a	blusa
bukur (i,e)	bonito, hermoso
çorape ~ t	calcetines, medias
dyqan, ~ i	tienda
fund, ~ i	falda
fustan, ~ i	vestido
gjatë (i,e)	largo
jeshile	verde
këmishë, ~ a	camisa
këpucë, ~ t	zapatos
kostum, ~ i	traje
kuqe (i,e)	rojo
lire (i,e)	libre, barato
masë, ~ a	medida, talla
mike, ~ ja	amiga
model, ~ i	modelo
ngjyrë, ~ a	color
palë, ~ a	par
pallto, ~ ja	abrigo
pëlqej	gustar
provoj	probar(se)
re (i,e)	nuevo
sandale, ~ t	sandalia
shall, ~ i	chal, bufanda, pañuelo
shoqe, ~ ja	novia
shkoj	ir
shkurtër (i,e)	corto
shtrenjtë (i,e)	caro
tregoj	mostrar, enseñar
triko, ~ ja	jersey
verdhë (i,e)	amarillo
xhaketë, ~ a	chaqueta
zi (i), zezë (e)	negro, negra

Lección XII

I. Conversación:

En el Mercado

Diálogos

N: **Sot ju të dy do ta bëni pazarin. Ti, Adi, do të blesh mish.**
Hoy vosotros dos iréis a hacer la compra.
Tú, Adi, comprarás carne.
A: **Po bukë, a do të blej?**
¿Y pan, compro?
N: **Po, kurse ti, Ela, do të blesh fruta.**
Sí, y (mientras que) tú, Ela, comprarás fruta.
E: **Çfarë të blej?**
¿Qué compro?

N: **Dardha, pjeshka dhe rrush. Mos harro të blesh edhe speca, presh, spinaq e karota.**
Peras, melocotones y uvas. No olvides comprar también pimientos, puerros, espinacas y zanahorias.
A: **Po bulmet?**
¿Y lácteos?
N: **Po, qumësht, gjalpë, djathë e kos.**
Sí, leche, mantequilla, queso y yogur.

Para formar frases

I. 1. (Unë) (nuk) kam kohë.
 para.
 frikë.
 fat.
 uri.
 etje.
 vapë.
 ftohtë.

I. 2. (Unë) bëj pazarin.
 drekën.
 darkën.
 (Ne) bëjmë mësim.
 mbledhje.

I. 3. Frutat më bëjnë mirë.
 Perimet keq.
 Duhani na bën dëm.

II. Gramática

II.1. Pronombres personales de complemento directo (CD) y complemento indirecto (CI).

Los pronombres personales de CD y de CI en albanés tiene formas átonas y tónicas y pueden aparecer las dos, con un sentido enfático.

Número	Persona	Formas tónicas	Formas átonas
S.	I	mua	**më**
	II	ty	**të**
	III	atij, asaj	**i**
P.	I	neve	**na**
	II	juve	**ju**
	III	atyre	**u**

Ejemplo: Frutat më bëjne mirë
 Las frutas me sientan bien.

Los Pronombres personales como C.D:

Número	Persona	Formas tónicas	Formas átonas
S.	I	mua	**më**
	II	ty	**të**
	III	atë (të)	**e**
P.	I	ne	**na**
	II	ju	**ju**
	III	ata, ato	**i**

Ejemplo: Ai më kerkoi, por nuk më gjeti.   El me buscó pero no me encontró.

Atención:
En albanés, el complemento directo siempre aparece reforzado con la presencia del pronombre de CD (3ª pers. sing)

Ejemplo: E kam pare filmin.   (*La) he visto la película.

II.2. Contracciones de los dos pronombres cuando aparecen juntos en la misma frase:

CI + CD (3a persona del singular)
më + e = **ma**
të + e = **ta**
i + e = **ia**
na + e = **na e**
ju + e = **jua**
u + e = **ua**

Ejemplo: Ai **ma** tregoi librin (Ai ***më e** tregoi librin)   Él me (*lo) enseñó el libro.

CI + CD (3a persona del plural)
më + i = **m'i**
të + i = **t'i**
i + i = **ia**
na + i = **na i**
ju + i = **jua**
u + i = **ua**

Ejemplo: Ai **m'i** tregoi librat (Ai ***më i** tregoi librat)   Él me (*los) enseñó los libros

III. Ejercicios

III.1. Escribe los pronombres personales que faltan en las frases siguientes, según el modelo:
    Ky është libri **im**. Ky libër **më** përket.

Ky është libri **yt**. Ky libër ..... përket.
Ky është libri **i tij**. Ky libër ..... përket.
Kjo është shtëpia **jonë**. Kjo shtëpi ... përket.
Kjo është shtëpia **juaj**. Kjo shtëpi .... përket.
Kjo është shtëpia **e tyre**. Kjo shtëpi ..... përket.

III.2. Completa con los pronombres personales adecuados:

Ai **më** kërkoi, por nuk **më** gjeti.

Ai **të** kërkoi, por nuk .... gjeti.
Ai **e** kërkoi, por nuk ..... gjeti.
Ai **na** kërkoi, por nuk ..... gjeti.
Ai **ju** kërkoi, por nuk .... gjeti.
Ai **i** kërkoi, por nuk .... gjeti.

III.3. Completa con los pronombres personales adecuados:

E njeh vajzën time? - Jo, nuk **e** njoh.

E njeh Adin? - Po, ... njoh.
I njihni djemtë e mi? - Po, ... njohim.
I njihni vajzat e mia? - Jo, nuk ...... njohim.

III.4. Completa con los pronombres personales adecuados:

E di numrin tim të telefonit? - Po, **e** di.

E di adresën time? - Jo, nuk .... di.
I morët letrat e mia? - Po, ... morëm.
I mbaruat ushtrimet e mësimit? - Po, ... mbaruam.
E kuptuat mësimin? - Jo, nuk .... kuptuam.

III.5. Completa con los pronombres personales adecuados:

Të pëlqejnë ëmbëlsirat? - Jo, nuk **më** pëlqejnë.

Ju pëlqejnë frutat? - Po, ... pëlqejnë.
Më prite dje? - Po, ... prita shumë.
Na telefonuat dje? - Jo, nuk ... telefonuam dot.
E ftuat Adin për darkë? - Po, ... ftuam.
U shkruat atyre një letër? - Po, ... shkruam.

Vocabulario – Lección XII

blej	comprar
bulmet, ~ i	productos lácteos
dardhë, ~ a	pera
di	saber
djathë, ~ i	queso
etje (kam)	sed (tener)
fat (kam)	suerte (tener)
frikë (kam)	miedo (tener)
ftohtë (kam)	frío (tener)
ftoj	invitar
gjalpë, ~ i	mantequilla
gjej	encontrar
harroj	olvidar
karotë, ~ a	zanahoria
kos, ~ i	yogur
kuptoj	comprender
mbaroj	terminar, acabar
njoh	conocer
pazar, ~ i	mercado, bazar; (bëj pazari: hacer la compra)
përkas	pertenecer (a alguien/algo)
pres	cortar
presh, ~ të	puerro
speca, ~ t	pimiento
spinaq, ~ I	espinacas
shkruaj	escribir
uri (kam)	hambre (tener)
vapë (kam)	calor (tener)

Lección XIII

I. Conversaciones:

En el Médico

Diálogos

A: **Ku është spitali?**
    ¿Dónde está el hospital?
B: **Pse?**
    ¿Por qué?
A: **Kam një dhimbje të fortë në bark dhe dua të shkoj tek mjeku.**
    Tengo un fuerte dolor en el estómago y quiero ir al médico.
B: **Po thërras një ambulancë. T'ju shoqëroj?**
    Sí, llamo a una ambulancia. ¿Te acompaño?
A: **Faleminderit.**
    Gracias.

A: **Mirëdita, doktor! Kam një dhimbje të fortë në bark.**
    ¡Buenos días, doctor! Tengo un fuerte dolor en el estómago.
D: **Ju ka ndodhur më parë?**
    ¿Le ha pasado antes?
A: **Jo, është hera e parë. Më ndihmoni, ju lutem.**
    No, es la primera vez. Ayúdeme, por favor.
D: **Do t'ju jap një qetësues. Do të bëni edhe disa analiza. Mos u shqetësoni. Do t'ju kalojë.**
    Le voy a dar un calmante. Además se va a hacer unos análisis. No se preocupe. Se le pasará.

Para construir frases

I.
1. (Mua) më dhemb koka.
　　　　　　　　　　barku.
　　　　　　　　　　dhëmbi.
　　　　　　　　　　zemra.
　　　　　　　　　　stomaku.
　　　　　　　　　　këmba.

I. 2. (Unë) dua të ha　　　tani.
　　　　　　　　　　pi
　　　　　　　　　　shkruaj
　　　　dëshiroj të lexoj
　　　　　　　　　　këndoj
　　　　　　　　　　pushoj

I. 3. (Unë) mundtë ha　　　tani.
　　　　　　　　　　pi
　　　　　　　　　　shkruaj
　　　　　　　　　　lexoj
　　　　　　　　　　këndoj
　　　　　　　　　　pushoj

I. 4. (Unë) duhet të mbaroj sot.
　　　　　　　　　　filloj
　　　　　　　　　　nisem
　　　　　　　　　　arrij
　　　　　　　　　　pushoj

II. Gramática

II. El Pretérito Perfecto de indicativo (e kryera e mënyres dëftore)
　　　El Pretérito Perfecto se forma con el presente del verbo **kam** + el participio del verbo principal

II.1. Forma afirmativa

Unë **kam** banuar në Tiranë.
Ti **ke** banuar në Tiranë.
Ai **ka** banuar në Tiranë.
Ne **kemi** banuar në Tiranë.
Ju **keni** banuar në Tiranë.
Ata **kanë** banuar në Tiranë.

II.2. Forma negativa

Pretérito Perfecto = **nuk** + kam + participio

Unë **nuk** kam banuar në Tiranë.
....etc.

II.3. Forma interrogativa

Pretérito Perfecto = **A** + kam + participio

A keni banuar në Tiranë?
....etc.

Lista de los participios de algunos verbos principales:

jam	= **qenë**
kam	= **pasur**
mendoj	= **menduar**
takoj	= **takuar**
dëshiroj	= **dëshiruar**
këshilloj	= **këshilluar**
kushtoj	= **kushtuar**
kërkoj	= **kërkuar**
shkoj	= **shkuar**
ndaloj	= **ndaluar**
filloj	= **filluar**
formoj	= **formuar**
tregoj	= **treguar**
ftoj	= **ftuar**
provoj	= **provuar**
vendos	= **vendosur**
hap	= **hapur**
pi	= **pirë**
ha	= **ngrënë**
dua	= **dashur**
eci	= **ecur**
pyes	= **pyetur**
marr	= **marrë**
nis	= **nisur**
vij	= **ardhur**
arrij	= **arritur**
flas	= **folur**

III. Ejercicios

III.1. Completa las frases con el verbo entre paréntesis en Pretérito Perfecto, según el modelo:

ej: (jam) Çfarë **keni qenë** më parë? - Gazetar.

(ha) Çfarë .... mbrëmë? - Peshk.
(pi) Çfarë .... dje? - Verë të kuqe.
(blej) Çfarë ....dje? - Një fustan të kuq.
(bëj) Çfarë .... mbrëmë? - Një shëtitje.

III.2. Completa las frases con el verbo entre paréntesis en Pretérito Perfecto:

(lë) Kur .... takim? - Në orën 17. 00
(vij) Kur .... në Shqipëri? - Pardje.
(arrij) Kur .... në Tiranë? - Mbrëmë vonë.
(telefonoj) Kur ....? - Dje në mëngjes.

III.3. Completa las frases con el verbo entre paréntesis en Pretérito Perfecto:

(banoj) Ku .... më parë? - Në Vlorë.
(shkoj) Ku .... mbrëmë? - Në kinema.
(jam) Ku .... me pushime? - Në Sarandë.
(blej) Ku e .... biletën? - Në agjenci.

III.4. Completa las frases con el verbo entre paréntesis en Pretérito Perfecto:

(takoj) Kë .... dje? - Bertin.
(ftoj) Kë .... për darkë? - Miqtë e mi.
(pres) Kë................në stacion? - Nënën time.
(njoh) Kë .... në Shqipëri? - Adin.

III.5. Transforma estas frases en frases negativas, según el modelo:

ej: Unë ju kam shkruar - Unë **nuk** ju kam shkruar.

Unë ju kam parë. - ....
Ti na ke ftuar. - ....
Ai i ka takuar. - ....
Ne ju kemi pritur. - ....
Ju na keni ndihmuar. - ....
Ata i kanë telefonuar. - ....

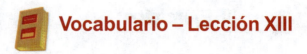
Vocabulario – Lección XIII

analizë, ~ a	análisis
ambulancë, ~ a	ambulancia
bark, ~ u	estómago, abdomen, tripa
dhëmb, ~ i	diente
dhimbje, ~ ja	dolor
fortë (i,e)	fuerte
herë, ~ a	vez
jap	dar
këmbë, ~ a	pie, pierna
këndoj	cantar
kokë, ~ a	cabeza
mjek, ~ u	médico
mos	no (imperativo)
ndodh	ocurrir, pasar, suceder
nisem	comenzar, partir
pushoj	descansar
qetësues, ~ i	calmante
stomak, ~ u	estómago
shëtije, ~ a	paseo
shoqëroj	acompañar
shqetësohem	preocuparse, alarmarse, inquietarse
thërras	llamar
vendos	decidir
vij	llegar
zemër	corazón

Lección XIV

I. Conversaciones:

Tiempo Libre

Diálogos

E: **Mira! Nesër është e diel. Çfarë do të bëjmë?**
 Mira, mañana es domingo. ¿Qué vamos a hacer?
M: **Shkojmë në Linzë. Nisemi herët.**
 Vamos a Linza. Salimos temprano.
E: **Në këmbë apo me biçikletë?**
 ¿A pie o en bicicleta?
M: **Me biçikletë, kështu që kemi kohë për
 një shëtitje në këmbë.**
 En bicicleta, así tenemos tiempo para un paseo
 a pie.
E: **Sa mirë! Do të jetë një ditë e këndshme.**
 ¡Qué bien! Será un día agradable.

A: **Dje ishim në piknik. Shkuam në Voskopojë.
 Atje është një kishë të vjetër.**
 Ayer estuvimos de picnic. Fuimos a Voskopoja.
 Allí hay una iglesia antigüa.
B: **E vizituat kishën?**
 ¿Visitasteis la iglesia?
A: **Po, ishte e ruajtur mirë.**
 Sí, estaba bien conservada.
B: **Po pastaj?**
 ¿Y después?
A: **Gjetëm një burim dhe u ulëm. Disa dëgjonin
 muzikë, të tjerë bisedonin e bënin shaka.
 Bëmë edhe fotografi. Të gjithë u kënaqëm.**
 Encontramos una fuente y nos sentábamos.
 Algunos escuchaban música, otros conversaban y
 hacían chistes. También hicimos fotos. Todos nos
 divertimos.

Para construir frases:

I. 1. Sot   është   e hënë.
                                e martë.
                                e mërkurë.
        Nesër   e enjte.
                                e premte.
                                e shtunë.
                                e diel.

I. 2. (Unë)   shkoj   në   fshat.
                                bankë.
                                pishinë.
                                universitet.
                                diskotekë.
                                shkollë.
                                kishë.

I. 3. (Unë)   vij   nga   kinemaja.
                                restoranti.
                                koncerti.
                                shfaqja.
                                teatri.
                                shkolla.

 ## II. Gramática

II.1. Las preposiciones más comunes:

- **nga**, **te (tek)** rigen nominativo.
    ej: Unë vij **nga** kinemaja
        Vengo **del** cine.

- **në, me, më, për, nën, ndër, nëpër, pa, mbi** rigen acusativo
    ej: Ne banojmë **në** një shtëpi te madhe
        vimos **en** una casa grande

- **prej, pranë, afër, larg, mbrapa, pas** rigen ablativo.
    ej: Unë do të nisem pas dy orësh.

II.2. El Pretérito Imperfecto de indicativo de los verbos **jam** y **kam** (e pakryera e thjeshtë e mënyres dëftore)

P	Kam	Jam
Unë	kish**a**	ish**a**
Ti	kish**e**	ish**e**
Ai, ajo	kish**te** (kish)	ish**te** (ish)
Ne	kish**im**	ish**im**
Ju	kish**it**	ish**it**
Ata, ato	kish**in**	ish**in**

   III. Ejercicios

III.1. Completa las frases según el modelo:

    Ana shkon **në** fshat **me** veturë.

    Unë shkoj .... restorant ..... këmbë.
    Ti   shkon .... Paris .... avion.
    Ai   shkon .... universitet .... biçikletë.
    Ela shkon .... Durrës .... tren.
    Ne   shkojmë ..... Trieste .... anije.
    Ju   shkoni .... plazh .... taksi.
    Ata shkojnë ...... teatër .... metro.

III.2. Completa con **nga** y **tek** los huecos en las frases siguientes:

    Unë jam ..... Italia. Takohemi pas dy ditësh .... ora gjashtë. Ti do të shkosh ..... kasapi. Ti do të kalosh ..... dyqani i bukës. Unë vij ... kinemaja.

III.3. Completa con **në, me, p**ër y **mbi** los huecos en las frases siguientes:

    Ne banojmë .... një vilë. A ka telefon... dhomë? A jeni i lirë ..... një intervistë? Kërkoj një tavolinë ...... dy vetë. Bëra një rezervim .... Paris. Kam një dhimbje .... anën e djathtë. Merrem ...... gjueti. Manastiri ndodhej .... një kodër.

III.4. Completa con **afër, larg, pranë** y **pas** los huecos en las frases siguientes:

    Shtëpia është .... spitalit, ... qendrës. Do të vij ..... dy orësh. Hoteli ndodhet ...... muzeut.III.

III.5. Conjuga el verbo según el modelo:

Dje (unë) isha i mërzitur, sot nuk jam.
....
....
....
....
....

III.6. Conjuga el verbo según el modelo:

Dje (unë) kisha kohë, sot nuk kam.
....
....
....
....
....

Vocabulario – Lección XIV

anë, ~ a	lado
bëj shaka	contar chistes (lit:hacer)
burim, ~ i	fuente, manantial
dyqani i bukës	panadería
e hënë	lunes
e martë	martes
e mërkurë	miércoles
e enjte	jueves
e premte	viernes
e shtunë	sábado
e diel	domingo
fotografi, ~ a	fotografia
fshat, ~ i	pueblo
gjithë (të)	todo(s)
gjueti, ~ a	caza
kasap, ~ i	carnicero
këmbë (me)	pie (a)
kënaqem	divertir(se)
këndshem (i)	agradable, placentero
kishë, ~ a	iglesia
kodër, ~ ra	colina
manastir, ~ i	monasterio
mbi	sobre (prep)
mbrapa	detrás
metro, ~ ja	metro
ndër	entre
nën	bajo
nëpër	en
piknik, ~ u	picnic
ruajtur (i,e)	conservarda
ulem	sentarse
universitet, ~ i	universidad
vizitoj	visitar

Lección XV

I. Conversaciones:

Tiempo libre

Diálogos

A: **A merresh me sport, Berti?**
   ¿Haces deporte, Berti?
B: **Po. Sporti më pëlqen shumë.**
   Sí. El deporte me gusta mucho.
A: **Cili sport të pëlqen më shumë?**
   ¿Qué deporte te gusta más?
B: **Tenisi. Po ty?**
   El tenis. ¿Y a ti?
A: **Futbolli, por nuk luaj mirë.**
   El futbol, pero no juego bien.

A: **Çfarë do të bësh nesër?**
   ¿Qué vas a haver mañana?
B: **Të peshkoj.**
   Iré a pescar.
A: **Vetëm?**
   ¿Sólo?
B: **Jo, me Edin.**
   No, con Edi.
A: **Çfarë peshku ka atje?**
   ¿Qué tipo de pez hay allí?
B: **Krap.**
   Carpa

A: **Çfarë do të bësh pasdite?**
   ¿Qué vas a hacer por la tarde?
B: **Do të mësoj frëngjisht.**
   Estudiaré francés.
A: **Di ndonjë gjuhë tjetër?**
   ¿Sabes algún otro idioma?
B: **Flas dhe shkruaj shumë mirë anglisht, flas edhe pak gjermanisht.**
   Hablo y escribo muy bien inglés y también hablo un poco de alemán.
A: **Paç fat!**
   ¡Que tengas suerte!

Para construir frases:

I. 1.	(Unë)		merrem me		sport.
					studime.
					kërkime.
					gjueti.
					peshkim.
					muzikë.
					tregti.
I. 2.	Mua	(nuk) më		pëlqen	muzika.
					mësimi.
					sporti.
	Ty		të	pëlqen	gjuetia.
					libri.
					filmi.
I. 3.	(Unë)	flas mirë			shqip.
		shkruaj			anglisht.
		mësoj	shumë mirë		frëngjisht.
		kuptoj	pak		gjermanisht.
					italisht.
					rusisht.

 ## II. Gramática

II.1. Las conjunciones (lidhëzat)

Conjunciones de coordinación: **e, edhe, dhe, prandaj, kurse, por.**

    ej: Adi **dhe** Ela shkuan në kinema.
        Ky fustan është i bukur, **por** shumë i shtrenjtë.

Conjunciones de subordinación: **që, se, sepse, megjithëse, ndonëse, kur,** ... etc.

    ej: Mendoj **se** ky fustan ju shkon shumë.

II.2. Pretérito Imperfecto de indicativo:

Pers.	Shkoj	Hap	Pi
Unë	shko**ja**	hap**ja**	pi**ja**
Ti	shko**je**	hap**je**	pi**je**
Ai, ajo	shko**nte**	hap**te**	pi**nte**
Ne	shko**nim**	hap**nim**	pi**nim**
Ju	shko**nit**	hap**nit**	pi**nit**
Ata, ato	shko**nin**	hap**nin**	pi**nin**

 III. Ejercicios

III.1. Completa con **dhe, edhe, por** y **kurse** los huecos de las frases siguientes:

Ti do të bësh pazarin ....do të blesh bukë dhe mish. Mos harro të blesh ...... fruta. Mua më pëlqen futbolli..... Adit tenisi. Fundi i gjatë është i bukur, ... shumë i shtrenjtë.Shtëpia është e madhe, ... nuk ka verandë. Disa dëgjonin muzikë, ... të tjerët bisedonin.

III.2. Completa con **megjithëse, sepse, se** y **kur** los huecos de las frases siguientes:

Dhomat janë të rehatshme, ... janë të vogla. Unë merrem me sport, ... më pëlqen. Mendoj ....një gjuhë e huaj kërkon kohë dhe vullnet. Peshkoj koran, por, ... kam fat edhe ngjala.

III.3. Conjuga el verbo de la siguiente frase según el modelo:

Unë dëgjoja muzikë, nuk këndoja.
....
....
....
....

III.4. Conjuga el verbo de la siguiente frase según el modelo:

Unë flisja mirë frëngjisht, jo anglisht.
....
....
....
....
....

III.5. Conjuga la frase siguiente:

Unë pija verë, jo birrë.
....
....
....
....
....

Vocabulario – Lección XV

anglisht	inglés
cili	cual
edhe	también
frëngjisht	francés
futboll, ~ i	fútbol
gjermanisht	alemán
gjuhë, ~ a	idioma
kërkim, ~ i	búsqueda
koran, ~ i	koran, trucha del lago Pogradec
krap, ~ i	carpa
kurse	mientras
luaj	jugar
megjithëse	aunque
merrem (me sport)	jugar, practicar un deporte
ndonëse	en vez de
ngjalë, ~ a	anguila
pasdite	la tarde
peshkim, ~ i	pesca
peshkoj	pescar
por	pero
prandaj	por lo tanto
që (se)	que
sepse	porque
sport, ~ i	deporte
studim, ~ i	estudio
sukses, ~ i	éxito
tenis, ~ i	tenis
tregti, ~ a	negocio
vetëm	solo
vullnet, ~ i	voluntad

Glosario

Po	Sí
Jo	No

Përshëndetje	**Saludos**
Mirëmëngjes!	¡Buenos días! (hasta las 9:00)
Mirëdita!	¡Buenos días! (hasta el mediodía)
Mirëmbrëma!	¡Buenas tardes!
Tungjatjeta!	¡Que tengas una larga vida!
Si je (jeni) ?	¿Cómo estás (estáis)?
Bëfshi ditën e mirë!	¡Que tengas un buen día!
Natën e mirë!	¡Buenas noches! (que tengas una buena noche)
Mirupafshim!	¡Hasta la vista!
Ditën e mirë!	¡Buenos días! (que tengas un buen día)

Identiteti	**Identidad**
emër, ~ri	nombre
mbiemër, ~ri	apellido
Zoti	Señor
Zonja	Señora
Zonjusha	Señorita
firmos	firmar
firmë, ~a	firma
iniciale, ~t	iniciales

Si quhesh?
¿Cómo te llamas?
Quhem Artan.
Me llamo Artan.
Si shkruhet (shqiptohet) emri yt?
¿Cómo se escribe (pronuncia) tu nombre?

Data dhe vendi i lindjes   Fecha y lugar de nacimiento

kam lindur   he nacido
datë, ~a   fecha
vend, ~i   lugar
datëlindje, ~a   fecha de nacimiento
ditëlindje, ~a   cumpleaños

Unë kam lindur në Tiranë.
Yo he nacido en Tirana.
Unë kam lindur më 5 Maj 1979.
Yo he nacido el 5 de Mayo de 1979.

Adresa   Dirección

jetoj   vivir
banoj   habitar, vivir
numër, ~ri   número
qytet, ~i   ciudad
fshat, ~i   pueblo
rrugë, ~a   calle
shesh, ~ i   plaza
bulevard, ~ i   avenida

Ku banoni ?
¿Dónde vivís/vive/viven?
Cila është adresa juaj?
¿Cuál es su dirección?
Adresa ime është : Rruga «Qemal Stafa», nr. 103
Mi dirección es: calle "Qemal Stafa", número 103
Banoj në katin e pestë, apartamenti 20.
Vivo en el quinto piso, apartamento 20.

Familja   La familia

prindër, ~ it   padres
baba, ~ i   padre
babi   papá
nënë, ~ a   madre
mami   mamá
fëmijë, ~ t   niños
burrë, ~ i   hombre, marido
grua, ~ ja   mujer
vëlla, ~ i   hermano
motër, ~ ra   hermana

gjysh, ~ i	abuelo
gjyshe, ~ ja	abuela
kushëri, ~ ri	primo
kushëri, ~ ra	prima
teze, ~ ja	tía (por parte de madre)
hallë, ~ a	tía (por parte de padre)
dajë, ~ a	tío (por parte de madre)
xhasha, ~ i	tío (por parte de padre)
bir, ~ i	hijo
bijë, ~ a	hija
martuar~ i, e	casado
pamartuar ~ i, e	soltero
beqar (e)	soltero (joven)
ndarë ~ i, e	separado
divorcuar ~ i, e	divorciado
(burrë) i ve	viudo
(grua) e ve	viuda
Shtëpia	**La casa**
strehim, ~ i	vivienda, alojamiento
ndërtesë, ~ a	edificio
pallat, ~ i	bloque, edificio
hyrje, ~ a	entrada
apartament, ~ i	piso, apartamento
dhomë, ~ a	habitación
blej	comprar
shes	vender
çmim, ~ i	precio
qira, ~ ja	alquiler, renta
dhomë me qira	habitación en alquiler
marr me qira	alquilar (tomar en alquiler)
jap me qira	alquilar (dar en alquiler)

Qiraja e shtëpisë është 350 euro në muaj.
El alquiler de la casa es de 350 euros al mes.
Kam një apartament në një pallat të madh.
Tengo un piso en un bloque grande.
Kemi dy dhoma gjumi në katin e dytë.
Tenemos dos dormitorios en el segundo piso (en la segunda planta).
Kemi një shtëpi private.
Tenemos una casa (entendida como casa independiente).

rrymë elektrike	corriente eléctrica
gaz, ~ i	gas

ngrohje, ~ a	calefacción
ngrohje qendrore	calefacción central
telefon, ~ i	teléfono
ujë, ~ i	agua
ndezur ~i(e)	encendido
fikur~i(e)	apagado
ndez	encender
fik	apagar

Kemi sobë me gaz dhe me korrent.
Tenemos cocina de gas y eléctrica.
Ngrohësi është i ndezur.
La calefacción está encendida.
Ndize dritën të lutem!
¡Enciende la luz, por favor!

banjë, ~ a	baño
dhoma e gjumit	dormitorio
dhoma e pritjes	sala de estar, salón
kuzhinë, ~ a	cocina
aneks, ~ i	anexo
bodrum, ~ i	sótano
ballkon, ~ i	balcón
verandë, ~ a	galería, porche
kat, ~ i	piso, planta
shkallë, ~ a	escalera
ashensor, ~ i	ascensor
dritare, ~ ja	ventana
derë, ~ a	puerta
mur, ~ i	pared
tavan, ~ i	techo
dysheme, ~ ja	suelo
sipër	arriba (superior)
poshtë	debajo, abajo

Dhoma e gjumit është në katin e dytë.
El dormitorio está en el segundo piso (en la segunda planta).
Kuzhina është poshtë.
La cocina está abajo.
Banja është sipër.
El baño está arriba.

vaskë, ~ a	bañera
dush, ~ i	ducha

frigorifer, ~ i	frigorífico
televizor, ~ i	televisor
radio, ~ ja	radio
garazh, ~ i	garaje
makinë larëse	lavadora
pastroj	limpiar
laj	lavar

Dhomat pastrohen dy herë në javë.
Las habitaciones se limpian dos veces a la semana.
Ju mund t'i lani rrobat poshtë.
Podéis lavar la ropa abajo.

bufe, ~ ja	aparador
dollap, ~ i	armario
krevat, ~i	cama
karrige, ~ ia	silla
tavolinë, ~ a	mesa
kolltuk, ~ u	sofá
perde, ~ ja	cortina
abazhur, ~ i	lámpara de mesa
batanije, ~a	manta
çarçaf, ~ i	sábana
jastëk, ~ u	almohada, cojín
jorgan, ~ i	edredón, colcha

Ditët e javës — Días de la semana

e hënë	lunes
e martë	martes
e mërkurë	miércoles
e enjte	jueves
e premte	viernes
e shtunë	sábado
e diel	domingo

Emrat e muajve — Nombres de los meses

janar	enero
shkurt	febrero
mars	marzo
prill	abril
maj	mayo
qershor	junio
korrik	julio

gusht	agosto
shtator	septiembre
tetor	octubre
nëntor	noviembre
dhjetor	diciembre

Seksi — Sexo, género

burrë	hombre
grua	mujer
djalë	chico
vajzë	chica
mashkull	varón, hombre, macho (para animales)
mashkullor	masculino
femër	hembra, mujer
femëror	femenino

Origjina — Origen

jam nga	soy de
nga je (jeni) ?	¿de dónde eres/ sois / es (usted) son (ustedes)?
vij nga	vengo de
i (e) huaj	extranjero, -a

Feja — Religion

emrat e feve	nombres de religiones
Zot, ~ i	Dios
besoj	creer
kishë, ~ a	iglesia
katedrale, ~ ja	catedral
tempull, ~ i	templo
xhami, ~a	mezquita
shërbesë, ~ a	servicio, misa

Zënia me punë — Ocupación laboral

punë, ~ a	trabajo
profesion, ~ i	profesión
bëj	hacer

Çfarë pune (ç'punë) bëni?	¿En qué trabajáis/trabaja (usted)/trabajan (ustedes)? ¿Qué trabajo hacéis/hace (usted)/hacen (ustedes)?
gjuhëtar, ~ i	lingüista
historian, ~ i	historiador
arkeolog, ~ u	arqueólogo
mekanik, ~ u	mecánico
arkitekt, ~ i	arquitecto
pilot, ~ i	piloto
shitës, ~ i	vendedor
shkrimtar, ~ i	escritor
sekretar, ~ i	secretario
mësues, ~ i	maestro
infermier, ~ i	enfermero
mjek, ~ u	médico
ushtar, ~ i	militar
zyrë, ~ a	oficina
shkollë, ~ a	escuela
dyqan, ~ i	tienda
punoj	trabajar
jap mësim	enseñar, dar clases
punëtor, ~ i	trabajador
i punësuar, ~ i	empleado
punëdhënës~ i	empleador
menaxher, ~ i	gerente, 'manager'
firmë, ~ a	compañía, empresa
kompani, ~ a	compañía, empresa
Ku punoni?	¿Dónde trabajáis/ trabaja (usted) trabajan (ustedes)?

Paraqitja fizike	Rasgos físicos
gjatë ~ (i, e)	alto, -a
shkurtër ~ (i, e)	bajo, -a
shëndoshë ~ (i, e)	gordo, -a
dobët ~ (i, e)	flaco, -a
hollë ~ (i, e)	delgado, -a; esbelto, -a
bukur ~ (i, e)	bello, -a; bonito, -a
pashëm, e pashme	atractivo, -a; guapo, -a
shëmtuar ~ (i, e)	feo, -a
brun (e)	moreno, -a
bjond (e)	rubio, -a
tullac (e)	calvo

Karakteri	Carácter
mirë ~ (i, e)	bueno, -a
dashur ~ (i, e)	cariñoso, -a
i këndshëm	agradable
i pakëndshëm	desagradable
i keq, e keqe	malo, -a
qetë ~ (i, e)	tranquilo, -a
shkathët ~ (i, e)	hábil, ágil
dembel, e	vago, -a
zgjuar ~ (i, e)	inteligente, despierto, -a
trashë ~ (i, e)	tonto, -a; torpe

Çfarë njeriu është?
¿Qué tipo de persona es? ¿Cómo es?

Pjesët e trupit	Partes del cuerpo
kokë, ~ a	cabeza
krahë, ~ t	brazo
këmbë, ~ t	pierna, pie
duar, ~ t	mano
sy, ~ të	ojo
veshë, ~ t	oreja
hundë, ~ a	nariz
gojë, ~ a	boca
dhëmbë, ~ t	diente
faqe, ~ t	mejilla
fytyrë, ~ a	cara
gjuhë, ~ a	lengua
ballë, ~ i	frente
mjekër, ~ a	mentón, barbilla, barba
mustaqe, ~ t	bigote
flokë, ~ t	pelo, cabello
zemër, ~ a	pulmones
mushkëri, ~ të	pulmones
stomak, ~ u	estómago
mëlçi, ~ a	hígado
veshka, ~ t	die Niere
qafë, ~ a	riñón
buzë, ~ t	labios
gishta, ~ t	dedos
gjunjë, ~ t	rodilla
tru, ~ ri	cerebro
bark, ~ u	abdomen, tripa

kurriz, ~ i	espalda
supe, ~ t	hombros

Rehatia personale	**Comodidad**
i rehatshëm, e rehatshme	cómodo, -a; confortable.
uri, ~ a	hambre
uritur (i, e)	hambriento, -a
etje, ~ a	sed
etur (i, e)	sediento, -a

Karrigia nuk është shumë e rehatshme.
La silla no es muy cómoda.
 A ke (keni) uri?
¿Tenéis /tiene (usted) tienen (ustedes) hambre?
A je (jeni) i uritur?
¿Está (usted) hambriento?

lodhem	estar cansado, -a
lodhur (i, e)	cansado, -a
pushoj	parar, descansar
çlodhem	relajarse
përgjumur (i, e)	somnoliento, adormentado
fle gjumë	dormir
zgjohem	despertar(se)
ndihem mirë	sentirse bien
dukem mirë	verse bien

Kam nevojë të pushoj pak.
Necesito descansar un poco.
Si të dukem?
¿Cómo estoy? (de aspecto)

Higjiena	**Higiene**
pastër (i, e)	limpio, -a
pisët (i, e)	sucio, -a
furçë, ~ a	cepillo
krehër, ~ i	peine
brisk, ~ u	cuchilla
gërshërë, ~ a	tijeras
sapun, ~ i	jabón
furçë dhëmbësh	cepillo de dientes
pastë dhëmbësh	pasta de dientes
peshqir, ~ i	toalla

rruhem	afeitarse
pritem	cortarse
rruaj mjekrën	afeitar(se) la barba
laj	lavar
lahem	lavarse, bañarse

Dua të lahem para darkës.
Quiero bañarme antes de la cena.
Dua të bëj një dush.
Quiero darme (hacer) una ducha.

Sëmundjet — **Enfermedades**

shëndet, ~ i	salud
sëmurë (i, e)	enfermo, -a
sëmurem	enfermar
jam i sëmurë	estar enfermo, -a
ndihem keq	sentirse mal
jam gjallë	estar vivo, -a
jetoj	vivir
vdes	morir
ngordh	reventar, morir (solo para los animales)
vdekje, ~ a	muerte
vdekur (i, e)	muerto, -a
vrarë (i, e)	matado, -a; asesinado, -a
dhembje, ~a	dolor
më dhemb koka	me duele la cabeza
temperaturë, ~ a	temperatura
ethe, ~ t	fiebre
jam ftohur	estoy resfriado, -a
jam me rrufë	estoy acatarrado, -a
jam me kollë	tengo tos
më vjen për të vjellë	tengo arcadas, tengo ganas de vomitar
më merren mendtë	me mareo
operacion, ~ i	operación
aksident, ~ i	accidente
rrëzohem	caer(se)
thyej	romper(se)
djeg	quemar
digjem	quemar(se)
pres	cortar(se)
plagë, ~ a	herida
fashë, ~ a	vendaje, venda
dietë, ~a	dieta

Kam një dhembje të tmerrshme koke.
Tengo un dolor de cabeza terrible.
Bëra një operacion vitin e kaluar.
Me operaron el año pasado.
Ai ka thyer këmbën.
Él se ha roto la pierna.
Ai ka djegur dorën.
Él se ha quemado la mano.
Është djegur.
Se ha quemado.
Ka prerë gishtin.
Se ha cortado el dedo.

Shërbimi mjekësor	Servicio médico
dentist, ~ i	dentista
mjek, ~u	médico
infermier, ~ e	enfermera
specialist, ~ i	especialista
kimist, ~ i	farmacéutico
ilaç, ~i	medicamento
tabletë, ~ a	pastilla
pilulë, ~ a	píldora
ambulancë, ~ a	ambulancia
spital, ~ i	hospital
pavijon, ~ i	pabellón
pacient, ~ i	paciente
pres	esperar
mbush	rellenar, implantar
takim, ~ i	cita, reunión
recetë, ~ a	receta
syze, ~ t	gafas
sigurim (shëndetsor)	seguro (médico)
siguroj	asegurar
sigurohem	asegurar(se)

Po pi ndonjë ilaç?
¿Estás tomando alguna medicina?
Pi tre tableta në ditë.
Tomo tres pastillas al día.
Pacienti ndodhet në pavijonin e fëmijëve.
El paciente está en el pabellón infantil.
Ky dhëmb është mbushur para gjashtë muajsh.
Me han hecho un empaste en este diente hace seis meses.

Kur e keni takimin?
¿Cuándo tenéis/tiene (usted)/tienen (ustedes) la cita?
Pacienti po pret.
El paciente está esperando.
Shkoj te dentisti.
Voy al dentista.

Rajoni	**La región**
zonë, ~ a	zona
industri, ~ a	industria
fermë, ~ a	granja
uzinë, ~ a	fábrica
fushë, ~	campo, llanura
pyll, ~ i	bosque
kodër, ~ a	colina
liqen, ~ i	lago
luginë, ~ a	valle
mal, ~ i	montaña, monte
lumë, ~ i	río
det, ~ i	mar
bregdet, ~ i	costa
breg, ~	orilla
ishull, ~ i	isla
tokë, ~ a	tierra, terreno
majë, ~a	cima, pico, cumbre
fund	fin, fondo

Mund t'i shohim majat e maleve.
Podemos ver la cumbre de las montañas.
Nuk mund ta shohim fundin e liqenit.
No podemos ver el fondo del lago.

Marrëdhënie	**Relaciones**
njohje, ~ a	conocido
shok, ~ u	colega, compañero, camarada
mik, ~ u	amigo
i dashur, ~ i	novio (pareja)
e dashur, ~ a	novia (pareja)
partner, ~ i	novio, socio
dashnor, ~ i	amante
i panjohur, ~ i	desconocido, extraño
ftoj	invitar
ftesë, ~ a	invitación

lë një takim	quedar (literalmente: dejar una cita)
shkoj për vizitë	ir de visita
mbrëmje, ~ a	velada, tarde-noche
flas	hablar
them	decir
vallëzoj	bailar
dhuratë, ~ a	regalo
mysafir, ~ i	invitado, huésped
marr në telefon.	llamar por teléfono (lit: tomar)
numri i telefonit	número de teléfono

A keni telefon?
¿Tenéis/ tiene (usted)/tienen (ustedes) teléfono?
Më merr në telefon!
¡Llámame por teléfono!
Kam lënë takim me Denin në orën 7:00.
He quedado con Deni a las 7:00.
 A mund të lëmë takim?
¿Podemos quedar?

Ju presim në orën 6:00 pasdite.
Os esperamos/le esperamos (a usted)/ les esperamos (a ustedes) a las 6:00 de la tarde.
Beni më solli një dhuratë.
Beni me trajo un regalo.
Kjo është për ty.
Esto es para ti.
E kam sjellë për ty (ju).
Lo he traído para ti /vosotros, usted, ustedes.

Letërkëmbim	Correspondencia
shkruaj	escribir
letër, ~ a	carta
zarf, ~ i	sobre
kartolinë, ~ a	postal
pullë, ~ a	sello
koleksion pullash	colección de sellos
postë ajrore	correo aéreo
postë elektronike	correo electrónico
dërgoj	enviar, despachar, mandar
marr	recibir
përgjigje, ~ ja	respuesta
përgjigjem	responder

kthej përgjigje	dar respuesta (lit: retornar respuesta)
posta qendrore	oficina central de correos
postoj	enviar por correo
postier, ~ i	cartero
pako, ~ ja	paquete
tarifë postare	tarifa postal
me postë	por correo
çoj me postë	enviar por correo
kuti postare	buzón

A ka ardhur posta?
¿Ha llegado el correo?
Kam korrespondencë (letërkëmbim) me Benin.
Me escribo con Beni.
Do të dërgoj një kartolinë.
Te mandaré una postal.
Kam marrë një letër prej saj.
He recibido una carta suya (de ella).

Takime	Citas
klub, ~ i	club
anëtar, ~ i	miembro
takim, ~ i	cita, reunión
mbledhje, ~ a	reunión
takoj	encontrarse, reunirse
takohem	reunirse, encontrarse

Ne takohemi çdo ditë.
Nos encontramos/nos vemos cada día.

Qeveria dhe politika	Gobierno y política
qeveris	gobernar
qeveri, ~ a	gobierno
parlament, ~ i	parlamento
president, ~ i	presidente
mbret, ~ i	rey
mbretëreshë, ~ a	reina
princ, ~ i	príncipe
princeshë, ~ a	princesa
ministër, ~ i	ministro
kryeministër, ~ i	primer ministro
zgjedh	elegir
zgjedhje~ a	elección

votoj	votar
politikan, ~ i	político
politik	político (adj)
parti, ~ a	partido
e djathta	la derecha
e majta	la izquierda
udhëheqës, ~ i	líder, guía
drejtues, ~i	director
shtet, ~ i	estado
vend, ~ i	país

Krimi dhe drejtësia	Crimen y justicia
krim, ~ i	crimen
kriminel, ~ i	criminal
vjedh	robar
vjedhës, ~ i	ladrón
vjedhje, ~ a	robo
vras	matar, asesinar
përdhunoj	violar
qëlloj	disparar
viktimë, ~ a	víctima
polici, ~ a	policía
polic, ~ i	policía (agente de la ...)
rajoni i policisë	comisaría de policía (lit: región de ...)
arrestoj	arrestar
ligj, ~ i	ley
avokat, ~ i	abogado
gjyq, ~i (proces gjyqësor)	juicio, proceso judicial
gjykoj	juzgar
gjykatës, ~ i	juez
gjykatë, ~ a	juzgado, tribunal
juri, ~ a	jurado
dëshmitar, ~ i	testigo
burg, ~ u	cárcel
dënoj	condena, sentencia
dënim, ~ i	castigo

Lufta dhe paqja	Guerra y paz
paqe, ~ ja	paz
çarmatim, ~ i	desarme
luftë, ~ a	guerra
luftoj	luchar, combatir
ushtri, ~ a	ejército

ushtar, ~ i	soldado
flotë detare	flota naval, marina
forcat ajrore	fuerza aérea
oficer, ~ i	oficial
ushtarak	militar (adj)
armik, ~ u	enemigo
aleat, ~ i	aliado
betejë, ~ a	batalla
sulm, ~i	ataque
sulmoj	atacar
mbrojtje, ~ a	defensa
mbroj	defender
fitore, ~ ja	victoria
humbje, ~ a	derrota, baja, pérdida
luftë bërthamore	guerra nuclear
automatik, ~ u	metralleta
pushkë, ~ a	fusil, rifle
pistoletë, ~ a	pistola
fishek, ~ u	bala
spiun, ~ i	espía
terrorist, ~ i	terrorista

Probleme shoqërore	**Problemas sociales**
ndotje, ~a	contaminación, polución
varfëri, ~ a	pobreza
probleme~ t	problemas
çështje, ~ a	asunto, cuestión
mirëqënie, ~ a	bien estar

Udhëtime	**Viaje**
shkoj	ir
udhëtoj	viajar
udhëtar, ~ i	viajero
pasagjer, ~ i	pasajero
udhëtoj me	viajar con/por
aeroplan, ~i	avión
aeroport, ~ i	aeropuerto
linjë ajrore	línea aérea
regjistroj	registrar
fluturim, ~ i	vuelo
stjuardesë, ~ a	azafata
biletë avioni	billete de avión

autobus, ~i	autobús
autobus udhëtarësh	autocar
stacion autobuzi	estación de autobuses
shofer, ~ i	chófer
tren, ~ i	tren
metro, ~ ja	metro
hekurudhë, ~ a	ferrocarril
stacion i trenit	estación de tren
platformë	plataforma
tren i shpejtë	tren expreso
tren i ngadalshëm	tren no expreso (literalmente: lento)
tramvaj, ~ i	tranvía
varkë, ~ a	barca
anije, ~ a	barco
traget, ~ i	ferry
kabinë, ~ a	cabina, camarote
port, ~ i	puerto
taksi, ~ a	taxi
rradhë, varg taksish	parada de taxis
shofer taksie	taxista
zyra e prenotimit	oficina de reservas
prenotoj, rezervoj	reservar
orar, ~ i	horario
çmim, pagesë	precio
biletë, ~ a	billete
biletë vajtje-ardhje	billete de ida y vuelta
i rritur, ~ i	adulto
kthim, ~ i	vuelta, retorno
klasë, ~i	clase

Unë gjithmonë udhëtoj në klasin e dytë.
Yo siempre viajo en segunda clase.
Një biletë për të rritur dhe dy për fëmijë.
Un billete para adulto y dos para niño.

Qarkullimi — Circulación

biçikletë, ~ a	bicicleta
motoçikletë, ~ a	motocicleta
makinë, ~ a	vehículo, automóvil
veturë, ~ a	coche
kamion, ~ i	camión
furgon, ~i	furgoneta, furgón
ngas (makinën)	conducir
çiklist~ i	ciclista

marr (jap) me qira	alquilar
trafik, ~ u	tráfico
rrugë me një kah	calle de sentido único
rrugë kryesore	vía principal
autostradë, ~ a	autovía, autopista
urë, ~ a	puente
kryqëzim, ~ i	cruce
kaloj	pasar, atravesar
qoshe, ~ ja	esquina
semafor, ~ i	semáforo
shpejtësi, ~ a	velocidad, rapidez
shpejtësi e kufizuar	velocidad limitada
gjobë, ~ a	multa
rrezik, ~ u	peligro, riesgo
i rrezikshëm	peligroso, arriesgado
i sigurtë	seguro
siguri, ~ a	seguridad
rrip sigurimi	cinturón de seguridad
tabelë rrugore	señales de tráfico (lit: señales viales)
ndjek	seguir, proceder, observar (...las normas)
ndalim kalimi	prohibido el paso
këmbësor, ~ i	peatón
hartë, ~ a	mapa, plano
distancë	distancia
humb rrugën	perderse (literalmente: perder la calle)

Ai e nget makinën (i jep makinës) shumë shpejt.
Él conduce (le da al coche) muy rápido.
Mund të marrim një makinë me qira.
Podemos alquilar un coche.
Ndiq shenjat!
¡Respeta las señales!
Mos kalo këtu
Está prohibido el paso por aquí.
Duhet të paguani 5000 lekë
Tiene que pagar una multa de 5000 Lek.

Pushimet	Vacaciones
udhëtim turistik	viaje organizado
turist, ~ i	turista
zyrë turistike	agencia de viajes
grup turistash	grupo de turistas
vizitoj	visitar
vend, ~ i	país, lugar

pamje, ~ a	vista, aspecto, panorama
kështjellë, ~ a	castillo
katedrale, ~ ja	catedral
gërmadha, ~ a	ruinas
kopsht zoologjik	jardín zoológico
jashtë shtetit	extranjero (lit: fuera del país)

Emrat e kontinenteve	**Nombres de los continentes**
Afrika	Africa
Amerika e Veriut	América del Norte, Norteamérica
Amerika e Jugut	América del Sur, Sudamérica
Australia	Oceanía (lit: Australia)
Azia	Asia
Evropa	Europa

Emrat e shteteve	**Nombres de países**
Shqipëri, ~a	Albania
Bullgari, ~a	Bulgaria
Francë, ~a	Francia
Itali, ~a	Italia
Greqi, ~a	Grecia
Rumani, ~a	Rumanía
Gjermani, ~a	Alemania
Spanjë, ~a	España

Hoteli	**Hotel**
hotel	hotel
dhomë teke	habitación individual
dhomë dyshe	habitación doble
me ballkon	con balcón
me pamje nga deti	con vistas al mar
prenotoj	reservar
rezervim, ~ i	reserva
paguaj me para në dorë	pagar en metálico (literalmente: con dinero en la mano)
dëftesë pagese	recibo del pago
çek, ~ u	cheque
kartë krediti	tarjeta de crédito
pranim, ~ i	recepción
mbush formularin	rellenar el formulario
çelës, ~ i	llave
mesazh, ~ i	mensaje

holl, ~ i	recibidor, hall
shtyp	pulsar
buton, ~ i	botón
tërheq	tirar, retirar
shtyj	empujar
zjarr, ~ i	fuego, incendio
në rast zjarri	en caso de incendio
faturë, ~ a	factura

Ne do te paguajmë dhe do të ikim nga hoteli.
Vamos a pagar y saldremos del hotel.
A ka ndonjë mesazh për mua?
¿Hay algún mensaje para mí?
Më ka telefonuar njeri?
¿Me ha llamado alguien?
Shtyje derën!
¡Empuje la puerta!
Tërhiqe derën!
¡Tire de la puerta!

Bagazhet — Equipaje

çantë, ~ a	bolso
çantë dore	bolso, bolsa de mano
valixhe, ~ ja	maleta, valija
baule, ~ ja	baúl
aparat fotografik	cámara de fotos
hamall, ~ i	porteador, mozo

Dogana — Aduana

kufi, ~ ri	frontera
vizë, ~ a	visado, visa
doganë, ~ a	aduana
zhdoganoj	despachar las mercancías (en la aduana)
importoj	importar
deklaroj	declarar
hap	abrir
taksë doganore	tasas de aduana
i përjashtuar nga taksat	exento de tasas
para~ të	dinero
monedhë, ~ a	moneda

Nuk kam asgjë për të deklaruar. No tengo nada que declarar.
Janë gjëra të përdorimit vetjak. Son objetos de uso personal.

Dokumentet e udhëtimit.	Documentos de viaje
dokument, ~ i	documento
pasaportë, ~ a	pasaporte
sigurime, ~ t	policía (de seguridad)
patentë, ~ a	carné de conducir
leje qarkullimi	permiso de circulación
humb pasaportën	perder el pasaporte
lajmëroj në polici	dar parte a la policía, notificar
konsull, ~ i	cónsul
konsullatë, ~ a	consulado
ambasador, ~ i	embajador
ambasadë, ~ a	embajada

Banka	Banco
këmbej	cambio
zyrë këmbimi	oficina de cambio
hap një llogari	abrir una cuenta
marr hua (para)	conseguir un crédito (lit: tomar) (dinero)
jap hua (para)	dar un crédito (dinero)
thyej një çek	cobrar un cheque (lit: romper, destruir; también: cambiar)
paguaj	pagar
shpenzoj	gastar
ulje, ~ a (çmimesh)	rebajas
ngritje, ~ a (çmimesh)	subida (de precio)
bankënotë, ~ a	billete
monedhë (metalike)	moneda
lek, ~ u	lek
dollar, ~ i	dólar
euro, ~ ja	euro

Dua të thyej ca para.
Quiero cambiar algo de dinero.
Sa është kursi i këmbimit?
¿Cuál es el tipo de cambio?

Garazhi	Taller mecánico
motorr, ~ i	motor
frena, ~ t	freno
drita, ~ t	luces
timon, ~ i	volante, manillar

ndihmoj	ayudar
rregulloj	reparar, arreglar

Frenat nuk punojnë mirë.
Los frenos no funcionan bien.

benzinë, ~a	gasolina
naftë, ~ a	gasoil
vaj, ~i	aceite
ndërroj vajin	cambiar el aceite
gomë, ~ a	neumático
rrotë, ~ a	rueda
kontrolloj	controlar
bosh	vacío
plot	lleno

Mbushe plot me benzinë pa plumb!
¡Llénalo de gasolina sin plomo!

Blerje	Compra
dyqan, ~ i	tienda, almacén
vetëshërbim	autoservicio
shkoj në pazar	ir al mercado
bëj pazarin	hacer la compra
tregoj	mostrar, enseñar
paketoj	empaquetar
ndërroj	cambiar
dyqani i bukës	panadería
dyqani i mishit	carnicería

Është radha ime.
Es mi turno.
Këtu shiten fruta e perime.
Aquí se vende fruta y verduras.

Veshje	Ropa
bluzë, ~ a	blusa
xhup, ~ i	cazadora
fustan, ~ i	vestido
pantallona, ~ t	pantalones
këmishë, ~ a	camisa
fund, ~ i	falda
xhaketë, ~ a	chaqueta

çorape, ~ t	calcetines
kapele, ~ ja	sombrero
këpucë, ~ t	zapatos
pallto, ~ ja	abrigo
pardesy, ~ ja	abrigo ligero, de primavera (lit: del francés par dessus)
kostum, ~ i	traje
geta, ~ t	medias
xhep, ~ i	bolsillo
kuletë, ~ a	cartera
çantë grash	bolso
bizhuteri, ~ të	joyas
orë dore, ~ a	reloj de muñeca
provoj	probar
dhomë prove	probador
vesh	vestir(se)
zhvesh	desvestir(se)

Dua të ndërroj këtë këmishë, nuk është ngjyra e duhur.
Quiero cambiar esta camisa, no es el color apropiado.

Artikuj shtëpiakë	**Artículos del hogar**
pirun, ~ i	tenedor
thikë, ~ a	cuchillo
lugë, ~ a	cuchara
pjatë, ~ a	plato
enë, ~ t	utensilios de cocina (genérico)
filxhan kafeje	taza de café
filxhan çaji	taza de té
gotë, ~ a	vaso
shishe, ~ja	botella
shkrepse, ~ t	cerillas
kavanoz, ~i	tarro
kanë, ~ a	lata

Ushqimet dhe pijet	**Alimentos y bebidas**
ha	comer
vakt, ~ i	comida (genérico)
mëngjes, ~ i	desayuno
drekë, ~ a	comida (del mediodía)
darkë, ~ a	cena
ha mëngjes	desayunar
gjellë, ~ a	plato (en el menú)

Cila është pjata kryesore?   ¿Cuál es el plato principal?

Perime   **Verduras**

barbunjë, ~ t	judías verdes
rrepë, ~ a	rábano
lakër, ~ ra	repollo, col
karotë, ~ a	zanahoria
lulelakër, ~ ra	coliflor
misër, ~ ri	maíz
kastravec, ~ i	pepino
kopër, ~ ra	eneldo
patëllxhan, ~ i	berenjena
hudhër, ~ ra	ajo
erëza, ~ t	hierbas, especias
pras, ~ i, presh	puerro
rigon, ~ i	orégano
nenexhik, ~ u	hierbabuena
këpurdhë, ~ a	seta, champiñon
ulli, ~ ri	oliva, aceituna
qepë, ~ a	cebolla
majdanoz, ~ i	perejil
bizele, ~ ja	guisante
spec, ~ i	pimiento
patate, ~ ja	patata
patate të skuqura	patatas fritas
spinaq, ~ i	espinaca
kungull, ~ i	calabacín
domate, ~ ja	tomate
grurë, ~ i	trigo
sallatë, ~ a	lechuga, ensalada

Frutat   **Frutas**

mollë, ~ a	manzana
kajsi, ~ a	albaricoque
banane, ~ t	plátano, banana
qershi, ~ a	cereza
fik, ~ u	higo
rrush, ~ i	uva
man, ~ i	mora
limon, ~ i	limón
pjepër, ~ ri	melón
portokall, ~ i	naranja
pjeshkë, ~ a	melocotón

dardhë, ~ a	pera
hurmë, ~ a	kaki
kumbull, ~ a	ciruela
shegë, ~ a	granada
luleshtrydhe, ~ ja	fresa
shalqi, ~ ri	sandía

Mishi — Carne

mish viçi	carne de ternera
mish derri	carne de cerdo
mish qengji	carne de cordero
mish i grirë	carne picada
mish pule	carne de pollo
mish gjeldeti	carne de pavo
proshutë, ~ a	jamón
sallam, ~ i	embutido / salami
salçiçe, ~ ja	salchicha

Peshku — Pescado

koran, ~ i	carpa del lago de Pogradec
karkaleca deti	gamba
barbun	salmonete
levrek	lubina
koce	dorada
midhje	mejillones
peskatrice	rape

Embëlsira — Dulces, postres

akullore, ~ ja	helado
vanilje, ~ ja	vainilla
kakao, ~ ja	cacao
çokollatë, ~ a	chocolate
kek, ~ u	bizcocho
tortë, ~ a	tarta
pastë, ~ a	pasta (de pastelería)

Të ndryshme — Varios

vezë, ~ a	huevo
djathë, ~ i	queso
mustardë, ~ a	mostaza
piper, ~ i	pimienta

kripë, ~ a	sal
vaj ulliri	aceite de oliva
bukë, ~ a	pan
copë, ~ a	pedazo, trozo, pieza
fetë, ~ a	loncha
bukë e thekur	pan tostado, tostada
reçel, ~ i	mermelada
pi	beber
kafe, ~ ja	café
çaj, ~ i	té
ajkë, ~ a	crema agria
qumësht, ~ i	leche
sheqer, ~ i	azúcar
mjaltë, ~ i	miel

Pijet — Bebidas

birrë, ~ a	cerveza
verë, ~ a	vino
raki, ~ a	rakí, aguardiente
lëng frutash	zumo de frutas
ujë mineral	agua mineral
pije joalkoolike	bebidas sin alcohol (lit: no alcohólicas)
ujë, ~ i	agua

Bar, restorant — Bar, restaurante

shërbej	servir
kamerier, ~ i, kamariere~ja	camarero, camarera
menu, ~ ja	menú
zgjedh	elegir, escoger
vendos	decidir
porosit	pedir
bakshish, ~ i	propina
marr me vete	tomar conmigo, llevarme
pjek	asar
ziej	cocer
skuq	freír
përziej	mezclar
qëroj	pelar

A mund ta marr me vete këtë?
¿Puedo tomar esto (conmigo)? ¿Puedo llevármelo?
Nuk shërbejmë jashtë.
No servimos fuera.

Shërbimi përfshihet në faturë.
El servicio está incluido en el precio

Moti	**El tiempo**

klimë, ~ a — clima
diell, ~ i — isol
me diell — soleado
ndriçon — brillar
shi, ~ u — lluvia
me shi — lluvioso
bie shi — llueve (lit: cae lluvia)
mjegull, ~ a — niebla
me mjegull — on niebla
shi i imët — lluvia fina
borë, ~ a — nieve
bie borë — nieva (lit: cae nieve)
akull, ~ i — hielo
ngricë, ~ a — escarcha
ngrij — helar
erë, ~ a — viento
stuhi, ~ a — tormenta
stuhi me borë — tormenta de nieve
rrufe, ~ ja — rayo
kohë e mirë/e bukur — tormenta de nieve
hije, ~ a — sombra
kohë e butë — tiempo agradable
kohë e vrenjtur/me re — tiempo nuboso/ nublado
parashikimi i motit — previsión meteorológica, previsión del tiempo
Si është koha? — ¿Que tiempo hace?
Si do të jetë dita nesër? — ¿Qué día hará mañana?
Si është parashikimi i motit për ditën e nesërme? — ¿Cuál es la previsión meteorológica para mañana?

Arsimi	**Educación**

shkollim, ~ i — escolarización
arsim, ~ i — educación, enseñanza, instrucción
arsim i lartë — educación superior
arsim i detyrueshëm — educación obligatoria
mësoj — aprender
jap mësim — enseñar, dar clase
ndjek një kurs — seguir un curso
ushtrohem — ejercitar(se)

mësim, ~ i	clase, lección
mësues, ~ i	maestro
drejtori i shkollës	director de la escuela
profesor, ~ i	profesor
student, ~ i	estudiante (universitario)
nxënës, ~ i	estudiante (alumno, en primaria y secundaria)

Llojet e arsimit — Tipos de educación

shkollë fillore	escuela elemental, escuela infantil
shkollë 8-vjeçare	escuela 8 años (de 8 años de duración, en la actualidad 9 años)
shkollë e mesme	escuela secundaria, instituto
gjimnaz, ~ i	escuela secundaria, instituto
shkollë e lartë	escuela superior
universitet, ~ i	universidad
kolegj, ~ i	colegio
shkollë profesionale	escuela profesional
shkollë muzike	escuela de música

Lëndët — Asignaturas

aritmetikë, ~ a	aritmética
gjeografi, ~ a	geografía
histori, ~ a	historia
matematikë, ~ a	matemáticas
fizikë, ~ a	física
kimi, ~ a	química
biologji, ~ a	biología
gjuhë (e huaj)	lengua (extranjera)
letërsi, ~ a	literatura

Çfarë lëndësh bëni në shkollë?
¿Qué asignaturas dais/da (usted)/ dan (ustedes) en la escuela?

Gjuha — Lenguaje

flas	hablar
lexoj	leer
shkruaj	escribir
shqiptoj	pronunciar
përkthej	traducir
përkthim	traducción
aspak	nada de nada, nada en absoluto
pak	poco

mirë	bien
rrjedhshëm	fluidamente, con fluidez
frëngjisht	francés
gjermanisht	alemán
anglisht	inglés
italisht	italiano
spanjisht	español
rusisht	ruso
greqisht	griego
arabisht	árabe
shpjegoj	explicar
fjalor, ~ i	diccionario
pyetje, ~ a	pregunta
gabim, ~i	error
qartë, i (e)	claro, explícito

Kualifikimet   **Calificaciones**

diplomë, ~ a	diploma, título
certifikatë, ~ a	certificado
vërtetim, ~ i	verificación, demostración, certificado
provim, ~ i	examen, prueba
provim me gojë/me shkrim	examen oral / escrito
provim përfundimtar	examen final
provim pranimi	examen de acceso
kaloj (në provim)	aprobar, pasar (el examen)
e marr (provimin)	examinarse (lit: tomar el examen)
ngel (në provim)	suspender (el examen)
rrëzohem (në provim)	suspender (el examen) (lit: caer)

TABLAS GRAMATICALES

La declinación del nombre

Primera declinación:
nominativo articulado en -i

lis-i (roble)

Caso	Forma no articulada singular	Forma articulada singular	Forma no articulada plural	Forma articulada plural
N.	(një) lis	lis-i	(ca) lisa	lisa-t
G.	i, e (një) lis-i	i, e lis-it i,	e (ca) lisa-ve	i, e lisave
D.	(një) lis-i	lis-it	(ca) lisa-ve	lisa-ve
A.	(një) lis	lis-in	(ca) lisa	lisa-t
A.	(një) lis-i	lis-it	(ca) lisa-sh	lisa-ve

djalë-i (chico)

Caso	Forma no articulada singular	Forma articulada singular	Forma no articulada plural	Forma articulada plural
N.	(një) djalë	djali-i	(ca) djem	djem-të
G.	i, e (një) djal-i	i, e djal-it	i, e (ca) djem-ve	i, e djem-ve
D.	(një) djal-i	djal-it	(ca) djém-ve	djem-ve
A.	(një) djalë	djal-in	(ca) djem	djem-të
A.	(një) djal-i	djal-it	(ca) djem-sh	djem-ve

ftua- fto-i (membrillo)

Caso	Forma no articulada singular	Forma articulada singular	Forma no articulada plural	Forma articulada plural
N.	(një) ftua	ftoi	(ca) ftonj	ftonj-të
G.	i, e (një) fto-i	i, e fto-it	i, e (ca) ftonj-ve	i, e ftonj-ve
D.	(një) fto-i	fto-it	(ca) ftonj-ve	ftonj-ve
A.	(një) ftua	fto-in	(ca) ftonj	ftonj-të
A.	(një) fto-i	fto-it	(ca) ftonj-sh	ftonj-ve

vëlla-i (hermano)

Caso	Forma no articulada singular	Forma articulada singular	Forma no articulada plural	Forma articulada plural
N.	(një) vëlla	vëlla-i	(ca) vëllezër	vëllezër-it
G. i, e	(një) vëlla-i	i, e vëlla-it	i, e (ca) vëllezër-ve	i, e vëllezër-ve
D.	(një) vëlla-i	vëlla-it	(ca) vëllezër-ve	vëllezër-ve
A	(një) vëlla	vëlla-në	(ca) vëllezër	vëllezër-it
A	(një) vëlla-i	vëlla-it	(ca) vëllezër-ish	vëllezër-ve

zë-zër-i (voz)

Caso	Forma no articulada singular	Forma articulada singular	Forma no articulada plural	Forma articulada plural
N.	(një) zë	zër-i	(ca) zëra	zëra-t
G. i, e	(një) zër-i	i, e zër-it	i, e (ca) zëra-ve	i, e zëra-ve
D.	(një) zër-i	zër-it	(ca) zëra-ve	zëra-ve
A	(një) zë	zër-in	(ca) zëra	zëra-t
A	(një) zër-i	zër-it	(ca) zëra-sh	zëra-ve

libër-libr-i (libro)

Caso	Forma no articulada singular	Forma articulada singular	Forma no articulada plural	Forma articulada plural
N.	(një) libër	libr-i	(ca) libra	libra-t
G. i, e	(një) libri-i	i, e libr-it	i, e (ca) libra-ve	i, e libra-ve
D.	(një) libr-i	libr-it	(ca) libra-ve	libra-ve
A	(nje) libër	libr-in	(ca) libra	libra -t
A	(një) libr-i	libr-it	(ca) libra-sh	libra-ve

Segunda declinación:
nominativo articulado acabado en -u

mik-u (amigo)

Caso	Forma no articulada singular	Forma articulada singular	Forma no articulada plural	Forma articulada plural
N.	(një) mik	mik-u	(ca) miq	miq-të
G.	i, e (një) mik-u	i, e mik-ut	i, e (ca) miq-ve	i, e miq-ve
D.	(një) mik-u	mik-ut	(ca) miq-ve	miq-ve
A	(një) mik	mik-un	(ca) miq	miq-të
A	(një) mik-u	mik-ut	(ca) miq-sh	miq-ve

dhe-u (tierra, país)

Caso	Forma no articulada singular	Forma articulada singular	Forma no articulada plural	Forma articulada plural
N.	(një) dhe	dhe-u	(ca) dhera,	dhera-t
G.	i, e (një) dhe-u	i, e dhe-ut	i, e (ca) dhera-ve	i, e dhera-ve
D.	(një) dhe-u	dhe-ut	(ca) dhera-ve	dhera-ve
A	(një) dhe	dhe-un	(ca) dhera	dhera-t
A	(një) dhe-u	dhe-ut	(ca) dhera-sh	dhera-ve

Tercera declinación:
nominativo articulado en a o -ja

fushë-a (campo)

Caso	Forma no articulada singular	Forma articulada singular	Forma no articulada plural	Forma articulada plural
N.	(një) fushë	fush-a	(ca) fusha	fusha-t
G.	i, e (një) fush-e	i, e fushë-s	i, e (ca) fusha-ve	i, e fusha-ve
D.	(një) fush-e	fushë-s	(ca) fusha-ve	fusha-ve
A	(një) fushë	fushë-n	(ca) fusha	fusha-t
A	(një) fush-e	fushë-s	(ca) fusha-sh	fusha-ve

dele-delja (aveja)

Caso	Forma no articulada singular	Forma articulada singular	Forma no articulada plural	Forma articulada plural
N.	(një) dele	del-ja,	(ca) dele	delet
G.	i, e (një) dele-je	i, e dele-s	i, e (ca) dele-ve	i, e dele-ve
D.	(një) dele-je	dele-s	(ca) dele-ve	dele-ve
A	(një) dele	dele-n	(ca) dele	delet
A	(një) dele -je	dele-s	(ca) dele-sh	dele-ve

motër-motra (hermana)

Caso	Forma no articulada singular	Forma articulada singular	Forma no articulada plural	Forma articulada plural
N.	(një) motër	motr-a	(ca) motra	motra-t
G.	i, e (një) motr-e	i, e motrë-s	i, e (ca) motra-ve	i, e motra-ve
D.	(një) motr-e	motrë-s	(ca) motra-ve	motra-ve
A	(një) motër	motrë-n	(ca) motra	motra-t
A	(një) motr-e	motrës	(ca) motra-sh	motra-ve

rrufë-rrufeja (rayo, relámpago)

Caso	Forma no articulada singular	Forma articulada singular	Forma no articulada plural	Forma articulada plural
N.	(një) rrufé	rrufe-ja	(ca) rrufé	rrufe-të
G.	i, e (një) rrufe-je	i, e rrufe-së	i, e (ca) rrufe-ve	i, e rrufe-ve
D.	(një) rrufe-je	rrufe-së	(ca) rrufe-ve	rrufe-ve
C.	(një) rrufé	rrufe-në	(ca) rrufé	rrufe-të
A.	(një) rrufe-je	rrufe-së	(ca) rrufe-sh	rrufe-ve

Declinación de los nombres neutros
të ftohtë të ftohtët (frío)

Caso		Forma no articulada		Forma articulada
N.		(një) të ftohtë		të ftohtë-t
G.	i, e	(një) të ftoht-i	i, e	të ftoht-it
D.		(një) të ftoht-i		të ftoht-it
A		(një) të ftohtë		të ftohtë-t
A.		(një) të ftoht-i		të ftoht-it

DECLINACIÓN DE LOS ADJETIVOS

Masculino
Singular

Caso	Nombre no articulado + adjetivo	Nombre articulado + adjetivo
N.	(një) djalë i dalluar	djali i dalluar
G.	i, e (një) djali të dalluar	i, e djalit të dalluar
D.	(një) djali të dalluar	djalit të dalluar
A	(një) djalë të dalluar	djalin e dalluar
A	(një) djali të dalluar	djalit të dalluar

Plural

Caso	Nombre no articulado + adjetivo	Nombre articulado + adjetivo
N.	(ca) djem të dalluar	djemtë e dalluar
G.	i, e (ca) djemve të dalluar	i, e djemve të dalluar
D.	(ca) djemve të dalluar	djemve të dalluar
A	(ca) djem të dalluar	djemtë e dalluar
A	(ca) djemsh të dalluar	djemve të dalluar

Femenino
Singular

Caso	Nombre no articulado + adjetivo	Nombre articulado + adjetivo
N.	(një) nxënëse e dalluar	nxënësja e dalluar
G.	i, e (një) nxënëseje të dalluar	i, e nxënëses së dalluar
D.	(një) nxënëseje të dalluar	nxënëses së dalluar
A	(një) nxënëse të dalluar	nxënësen e dalluar
A	(një) nxënëseje të dalluar	nxënëses së dalluar

Caso	Nombre no articulado + adjetivo	Nombre articulado + adjetivo
N.	(ca) nxënës të dalluara	nxënëset e dalluara
G.	i, e (ca) nxënëseve të dalluara	i, e nxënëseve të dalluara
D.	(ca) nxënëseve të dalluara	nxënëseve të dalluara
A	(ca) nxënëse të dalluara	nxënëset e dalluara
A	(ca) nxënësesh të dalluara	nxënëseve të dalluara

Cuando el adjetivo no va precedido de partícula

Masculino
Singular

Caso	Nombre no articulado + adjetivo	Nombre articulado + adjetivo
N.	(një) djalë trim	djali trim
G.	i, e (një) djali trim	i, e djalit trim
D.	(një) djali trim	djalit trim
A.	(një) djalë trim	djalin trim
A.	(një) djali trim	djalit trim

Plural

Caso	Nombre no articulado + adjetivo	Nombre articulado + adjetivo
N.	(ca) djem trima	djemtë trima
G.	i, e (ca) djemve trima	i, e djemve trima
D.	(ca) djemve trima	djemve trima
A.	(ca) djem trima	djemtë trima
A.	(ca) djemsh trima	djemve trima

Femenino
Singular

Caso	Nombre no articulado + adjetivo	Nombre articulado + adjetivo
N.	(një) vajzë trime	vajza trime
G.	i, e (një) vajze trime	i, e vajzës trime
D.	(një) vajze trime	vajzës trime
A.	(një) vajzë trime	vajzën trime
A.	(një) vajze trime	vajzës trime

Plural

Caso	Nombre no articulado + adjetivo	Nombre articulado + adjetivo
N.	(ca) vajza trime	vajzat trime
G.	i, e (ca) vajzave trime	i, e vajzave trime
D.	(ca) vajzave trime	vajzave trime
A.	(ca) vajza trime	vajzat trime
A.	(ca) vajzash trime	vajzave trime

Declinación de los pronombres personales

Primera y segunda persona

Caso	Primera persona Singular	Plural	Segunda persona Singular	Plural
N.	Unë	ne	ti	ju
G.	--	--	--	--
D.	Mua, **më**	neve, **na**	ty, **të**	juve, **ju**
A.	Mua, **më**	ne, **na**	ty, **të**	ju, **ju**
A.	(prej) meje	(prej) nesh	(prej) teje	(prej) jush

Tercera persona

Caso	Primera persona Singular	Plural	Segunda persona Singular	Plural
N.	ai	ajo	ata	ato
G.	i, e atij	i, e asaj	i, e atyre	i, e atyre
D.	atij, **i**	asaj, **i**	atyre, **u**	atyre, **u**
A.	atë (të),	**e** atë (të),	**e** ata (ta),	**i** ato (to), **i**
A.	(prej) atij (tij)	(prej) asaj (saj)	(prej) atyre (tyre)	(prej) atyre (tyre)

Formas contractas de los pronombres personales

më + e = ma: (mua + atë)	Ma tregoi edhe mua librin që kishte blerë.
të + e = ta: (ty + atë)	Ta tregoi edhe ty librin që kishte blerë.
i + e = ia: (atij, asaj + atë)	Ia tregoi edhe atij librin që kishte blerë.
na + e = na e: (neve + atë)	Na e tregoi edhe ne librin që kishte blerë.
ju + e = jua: (juve + atë)	Jua tregoi edhe ju librin që kishte blerë.
u + e = ua: (atyre + atë)	Ua tregoi edhe atyre librin që kishte blerë.
më + i = m'i: (mua + ato)	M'i tregoi edhe mua librat që kishte blerë.
të + i = t'i: (ty + ato, ata)	T'i tregoi edhe ty librat që kishte blerë.
i + i = ia: (atij, asaj + ata, ato)	Ia tregoi edhe atij librat që kishte blerë.
na + i = na i: (neve + ata, ato)	Na i tregoi edhe ne librat që kishte blerë.
ju + i = jua: (juve + ata, ato)	Jua tregoi edhe ju librat që kishte blerë.
u + i = ua: (atyre + ata, ato.	Ua tregoi edhe atyre librat që kishte blerë.

Declinación de los adjetivos posesivos

Primera persona del singular

Caso	Masculino		Femenino	
N.		djali im		vajza ime
G.	i, e	djalit tim	i, e	vajzës sime
D.		djalit tim		vajzës sime
A.		djalin tim		vajzën time
A.		djalit tim		vajzës sime
N.		djali ynë		vajza jonë
G.	i, e	djalit tonë	i, e	vajzës sonë
D.		djalit tonë		vajzës sonë
A.		djalin tonë		vajzën tonë
A.		djalit tonë		vajzës sonë

Primera personal plural

Caso	Masculino	Femenino
N	djemtë e mi	vajzat e mia
G.	i, e djemve të mi	i, e vajzave të mia
D.	djemve të mi	vajzave të mia
A	djemtë e mi	vajzat e mia
A	djemve të mi	vajzave të mia
N.	djemtë tanë	vajzat tona
G.	i, e djemve tanë	i, e vajzave tona
D.	djemve tanë	vajzave tona
A.	djemtë tanë	vajzat tona
A.	djemve tanë	vajzave tona

Segunda persona singular

Caso	Masculino	Femenino
N.	djali yt	vajza jote
G.	i, e djalit tënd	i, e vajzës sate
D	djalit tënd	vajzës sate
A	djalin tënd	vajzën tënde
A	djalit tënd	vajzës sate
N.	djali juaj	vajza juaj
G.	i, e djalit tuaj	i, e vajzës suaj
D.	djalit tuaj	vajzës suaj
A	djalin tuaj	vajzën tuaj
A	djalit tuaj	vajzës suaj

Segunda persona plural

Caso	Masculino	Femenino
N.	djemtë e tu	vajzat e tua
G.	i, e djemve të tu	i, e vajzave të tua
D.	djemve të tu	vajzave të tua
A	djemtë e tu	vajzat e tua
A	djemve të tu	vajzave të tua
N.	djemtë tuaj	vajzat tuaja
G.	i, e djemve tuaj	i, e vajzave tuaja
D.	djemve tuaj	vajzave tuaja
A.	djemtë tuaj	vajzat tuaja
A.	djemve tuaj	vajzave tuaja

Declinación de los pronombres interrogativos **kush y sa**

N.		kush		sa
G.	i, e	kujt	i, e	save
D.		kujt		save
A.		kë		sa
A.		kujt		save

TABLAS DE CONJUGACIÓN DE LOS VERBOS

Modo Indicativo
Presente

Primera conjugación	Segunda conjugación	Tercera conjugación
unë laj	rrit	zë
ti lan	rrit	zë
ai lan	rrit	zë
ne lajmë	rritim	zëmë
ju lani	rritni	zini
ata lajnë	rritin	zënë

Pretérito imperfecto

Primera conjugación	Segunda conjugación	Tercera conjugación
unë laja	rritja	zija
ti laje	rritje	zije
ai lante	rriste	zinte
ne lanim	rritnim	zinim
ju lanit	rritnit	zinit
ata lanin	rritnin	zinin

Pretérito indefinido

Primera conjugación	Segunda conjugación	Tercera conjugación
unë lava	rrita	zura
ti lave	rrite	zure
ai lau	rriti	zuri
ne lamë	rritëm	zumë
ju latë	rritët	zutë
ata lanë	rritën	zunë

Pretérito perfecto simple

Primera conjugación	Segunda conjugación	Tercera conjugación
unë kam larë ti ke larë ai ka larë ne kemi larë ju keni larë ata kanë larë	kam rritur ke rritur ka rritur kemi rritur keni rritur kanë rritur	kam zënë ke zënë ka zënë kemi zënë keni zënë kanë zënë

Futuro

Primera conjugación	Segunda conjugación	Tercera conjugación
unë do të laj ti do të lash ai do të lajë ne do të lajmë ju do të lani ata do të lajnë	do të rrit do të rritësh do të rritë do të rritim do të rritni do të rritin	do të zë do të zësh do të zërë do të zëmë do të zini do të zënë

Modo imperativo

Primera conjugación	Segunda conjugación	Tercera conjugación
laj lani	rrit rritni	zër zini

Voz pasiva
Presente

Primera conjugación	Segunda conjugación	Tercera conjugación
unë lahem ti lahesh ai lahet ne lahemi ju laheni ata lahen	rritem rritesh rritet rritemi rriteni rriten	zihem zihesh zihet zihemi ziheni zihen

Imperfecto

unë	lahesha	rritesha	zihesha
ti	laheshe	rriteshe	ziheshe
ai	lahej	rritej	zihej
ne	laheshim	rriteshim	ziheshim
ju	laheshit	rriteshit	ziheshit
ata	laheshin	rriteshin	ziheshin

Pretérito indefinido

unë	u lava	u rrita	u zura
ti	u lave	u rrite	u zure
ai	u la	u rrit	u zu
ne	u lamë	u rritëm	u zumë
ju	u latë	u rritët	u zutë
ata	u lanë	u rritën	u zunë

Pretérito perfecto

unë	jam larë	jam rritur	jam zënë
ti	je larë	je rritur	je zënë
ai	është larë	është rritur	është zënë
ne	jemi larë	jemi rritur	jemi zënë
ju	jeni larë	jeni rritur	jeni zënë
ata	janë larë	janë rritur	janë zënë

Futuro

unë	do të lahem	do të rritem	do të zihem
ti	do të lahesh	do të rritesh	do të zihesh
ai	do të lahet	do të rritet	do të zihet
ne	do të lahemi	do të rritemi	do të zihemi
ju	do të laheni	do të rriteni	do të ziheni
ata	do të lahen	do të rriten	do të zihen

Imperativo

ti lahu	(mos u laj)	rritu (mos u rrit)	zihu (mos u zër)
ju lahuni	(mos u lani)	rrituni (mos u rritni)	zihuni (mos u zini)

Participio

Primera conjugación	Segunda conjugación	Tercera conjugación
larë	rritur	zënë

Infinitivo

për t'u larë	për t'u rritur	për t'u zënë

Gerundio

duke u larë	duke u rritur	duke u zënë

Verbos irregulares con raíces distintas para presente, indefinido y participio

Presente	Préterito indefinido	Participio
jap	dhashë	dhënë
bie	rashë	rënë
bie	prura	prurë
ha	hëngra	ngrënë
jam	qeshë	qenë
kam	pata	pasur
rri	ndenja	ndenjur
shoh	pashë	parë
vij	erdha	ardhur

Verbos irregulares con raíces distintas para presente, indefinido y participio

dua	desha	dashur
them	thashë	thënë
vdes	vdiqa	vdekur
vete	vajta	vajtur
lë	lashë	lënë
shpie	shpura	shpënë
shtie	shtiva	shtënë